なぜわたしたちは0歳児を授かるのか

親心の幸福論

松居 和

国書刊行会

はじめに

二〇歳のときインドの田舎で数カ月暮らしました。朝まだ暗い時間、一本の木に群れ泊まっていた鳥たちが一羽二羽鳴き始め、目が覚めます。やがて煙のにおいが寝台脇の窓越しに漂ってきて、家々のかまどに火が入るのがわかります。何千年も繰り返してきた人と火の儀式、そこに微かな祈りを感じました。

その後アメリカ合衆国に渡ったのが一九七五年、二一歳のときでした。数年後にイラン政府によるアメリカ大使館人質事件があり、カリフォルニア州立大学ロサンゼルス校（UCLA）の食堂に「イラン人学生は人質を一人連れてくれば食事は無料」という理不尽な張り紙が出されたのを覚えています。資本主義とイスラム教が対立し始めたころでした。

人種差別はありました。キャンパスの庭に、その下に黒人たちが集まる木があり、食堂横のテラスにはラテン系の学生が集まりました。集まること、そしてわかちあうこと、それが闘いの中で生きる力になっていました。

当時小学五年生だった米国籍の従妹に、小学校でどんなことを友だちと話すの、と聞きました。いまは医者になっていて当時も頭のよかった従妹は、ちょっと考えて言いました。

「こんどのお父さんは、とか、こんどのお母さんは、という話が多いね」

子どもたちの会話の中心が、こんどの親は、という国。人類が続けてきた家族という営みの歴史にこんな時代が過去あっただろうか。何がそういう時代を作ったのか。ハーモニーが崩れてゆくのがわかりました。

その頃から、アメリカで見たことを、一つの国の問題としてではなく人類全体の問題と考えることにしました。この国は確かに人間の意志が創ったもの。進化の過程では必然的なことなのかもしれない。いつか、「こんどのお父さんは、とか、こんどのお母さんは」という言葉が、親子の絆の一部として語られる日がくるかもしれない。そういう種類の愛をもって子育てをわかちあう日がくるのかもしれない。しかし、まだそこまで人間は成熟していない。

一つの時代から次の時代に発展するための視点の選択肢として、この本を書いてみます。

二五年前、音楽家として暮らしながら、アメリカで見た教育システムと家庭の崩壊を日本の保育者や親に話すようになりました。

私が見た先進国社会特有の家庭崩壊の予兆に、同じように気づいていたのが日本の保育園・幼稚園の先生方でした。幼児を見つめる人たちでした。現場で起こっている話を聞けば聞くほど、「親心の喪失」が日本でも始まっていました。子どもは天から授かった大切な命、人生の意味を私たちに教え、私たちを育てる存在、そうした意識が日本でも薄れ始めていました。講演を通して出会いがあり、園長先生や親たち、そして子どもたちが生きている風景に学びました。幼児を眺め、「親心」がどう育つか。「親心」が社会に満ちることの大切さ。「親心」という「人間が子どもたちの信頼に応えようとする心」で、人々が一つになっていることが、社会を作る絶対条件だということがわかってきました。幼児が、生きていくために、私たちに何を教えようとするか。それは、幸せに重なる教えでした。

日本ならまだ間にあうかもしれない。この国は役割を持っていると思います。

いま、「こんどのお父さんは、こんどのお母さんは」という子どもたちの会話が、その子の父や母には聞こえない仕組みになっている。子どもの世界と親の世界がこれほど離れてしまった時代は人類史上かつてない。そこに教育システムが普及した先進国社会の問題点があるのです。

愛国心や国家・国旗を論じる前に、赤ん坊を抱き上げ眺める。それが日本人の役割でしょう。そんな声が、私には聞こえてくるのです。

目次

はじめに……一
〇歳児の風景……九
はじめての笑顔……十三
次世代を信じる風景……十四
幼児が善性を引き出す……十七
良寛さまとピーター・パン……十九
「親身」は子どもたちからの贈り物……二一
なぜ四歳児？……二四
父親たちに幸せを……二七
落ち着いて片づける……二九
インドとアメリカ……三一
園が道祖神を生む話……三五
親心とは「心をこめる」こと……四一
子どもの楽園だった日本……四四
赤ん坊を眺め、会議は始まる……四八
赤ん坊が泣く意味……五一
ご主人と一緒にきなさい……五七
豊かさに弱い人間……六一
大酋長ジョゼフと学校……六五
一日保育士体験……六九
高校生の保育士体験……七八
保母さんの涙……八〇
守らなければいけない保育の質……八六
親心が自然に育つとき……九二
そっと育てる……九九
待つ園長先生と
待たない園長先生の話……一〇一
チンパンジーとバナナ……一〇八
ゾウがサイを殺すとき……一一二
「いい親」とは？……一一四
インドの野良犬……一一六
シャクティの来日……一二二
祭りの意味……一二四
祖父母心を育てる……一二七

子どもが育つ環境……………………一二九
安心感と意欲……………………………一三三
運動会四：四：二の法則……………一三六
運動会は真剣です……………………一三八
騎馬戦……………………………………一四二
朝霞市の場合…………………………一四六
尾崎千代先生…………………………一四八
保育園の守護神たち…………………一五二
保育士からの手紙……………………一五四
○歳児は言葉がわからないから
外人でいいのよ………………一五七
閉じ込められる子どもたち…………一六〇
お茶の時間……………………………一六四
父親たちが集う意味…………………一六七
父親のいない子ども…………………一六九
保育士の気合い………………………一七四
嬉しそうな園長先生…………………一七六
CNNから……………………………一七九
世間知らずな日本人…………………一八三
一日保育士体験では
体験できない風景……………一八五
泣く子どもと社会の絆………………一八八
イギリスにおける少年犯罪の急増…一九〇
心の闇が見えなかった………………一九二
学者の言いわけ………………………一九六
幸せのものさし………………………一九九
ごんぎつね……………………………二〇一
逆上がり………………………………二〇三
ダンボに乗って………………………二〇五
田んぼの中の講演会…………………二〇七
学童で親の絆が育つ…………………二一三
保育士やめるか、良心捨てるか……二一六
信じあうこと…………………………二一九
あとがき………………………………二二一

○歳児の風景

「宇宙は、なぜ私たち人間に○歳児を与えたか」ということを講演でお話しします。○歳児が○歳であることには意味があります。

「宇宙は私たち人間に、不自由になりなさい、幸せになりなさい、と言って○歳児を与えます。この弱者たちに自由を奪われ、自由を捧げることに幸せがなかったら、人類はとっくに滅んでいるでしょう」

教育が普及した国で、「自由」という「言葉」に縛られ、それを意識することでいっそう「不自由」を感じて不満を持つ親御さんに、幼児の役割を説明します。

「人間は本来、不自由になることに幸せを感じてきました。それを『絆』と呼ぶのです。『絆』は縛りあうこと、もともと馬をつなぐ道具だそうです。

絆は、時に面倒に感じることがあります。でも、人間は本来、頼りあい、信じあい、絆をつくり、心を一つにし、幸せを感じるようにできています。

不安になったとき、助けてくれる人、相談相手がいるかいないか、これが『生きる力』です。この世の中に自立している人間なんて一人もいない。自立していそうな人も、○歳のときは寝ていたのです」

生まれたばかりの赤ん坊が泣きます。オムツを替えた、オッパイも飲んだ。それでも泣くときがあります。人はそんなとき、泣きやんでほしい、と思うのです。これが幸せを探す「動機」です。何万年も積み上げてきた遺伝子がそう思わせます。宇宙の法則として、泣きやんでほしい、と願います。

私もその声に従って生後二カ月の息子を抱きながら一所懸命やってみたのです。すると、泣きやんでほしい、と思うとなかなか泣きやまないということに気づきます。これは、泣きやんでほしいとなるべく思わないようにして、泣きやんでもらわなければならないということ。禅問答のようです。ひょっとして子育ての神髄がすでにそこにあるのかもしれません。

試行錯誤を繰り返すうち、私は一つの風景に集中することにしました。アフリカの草原にマサイ族の男が一人槍を持って立っているという風景でした。ほかの風景も試したのですが、私と長男の場合はマサイ族の風景がよかったのです。長男を抱き、目をつむって、マサイ族の風景に集中します。すると、数分で、早いときには数十秒で息子はぴたりと泣きやむのです。

これを友人の前でやって見せたことがありました。

「いまから泣きやませるから」と言って、泣いている赤ん坊を抱いて集中します。「揺らさなくちゃだめだよ」と言う友人に、黙って目くばせをして、動かずに集中します。すると、赤ん坊がぴたりと泣きやんだのです。友人はびっくりして、「おいおい、いま何やった?」と聞きます。

私は、私の発見、マサイ族の風景の話をしました。

このマサイ族の風景は生後三カ月くらいまで有効でした。三カ月もすると、赤ん坊は意図を持って泣き始めるのでしょう。父親は母乳が出ませんから、たいていのことでは母親にかなわなくなります。

生まれたての赤ん坊は、生後三カ月くらいまでの間に、まず、言葉のいらないコミュニケーションの存在を私たちに知らせます。**沈黙の世界、魂の領域で出会えることを人間に教えるのです**。気もそぞろ、では泣きやまない。かといって自分本位でもだめです。子育ては無我になること、泣きやんでほしいという我欲さえ捨てること、と伝えたかったのかもしれません。

この話をある保育園の園長先生にしたら、

「そうですよ。赤ん坊は、認知症のおばあちゃんに抱かれると、たいてい泣きやむんです。二人目の子ども、三人目の子どもはあまり泣かなかった、と言うお母さんが多いでしょう。同じことです」とおっしゃいました。

このマサイ族の風景が、親子の絆のもとにある気がします。まだ弱々しい、子どもの泣き声に親が耳を傾ける。抱きしめる。やがて静かな風景が見えてくる。聞こえてくる。最初の三ヵ月、しばらくこの不思議な次元を共有し、そこから意識が芽生え言葉による会話の枝葉が育っていく。そんな感じがいいのでしょう。言葉のない会話を、何ヵ月か体験し、親たちの中に大切な「次元」が広がってゆくのかもしれません。話すことのできない子どもたちの役割に気づいてください。耳を傾けてください。

はじめての笑顔

三カ月が過ぎたころ、赤ん坊は微かにニッと笑います。はじめての笑顔です。周りを確かめるように、ニコッと少しだけ笑うのです。それを見た老若男女は、思わず、自分がいい人間だということに気づきます。そして、嬉しくなるのです。自分の本件を思い出す。もう一度その笑顔をもらおうと努力します。もう一度自分を発見するための日々が始まります。人間のはじめての笑顔にこれだけ意味や理由があることを、思い出さなければいけない時代がきています。

インドで、六、七歳の女の子が腰にのせるように自然に赤ん坊を抱いている風景を見かけます。この時期のインドの子どもたちは、当たり前と言わんばかりに無心に赤ん坊を抱きます。赤ん坊はその女の子の一部になります。その組みあわせがいいのでしょう。そのときすでに、女の子は、子育ての極意を身につけるのかもしれません。

自然に、無心に、単純に、赤ん坊を抱く。自分の人生の一部として抱く。

沈黙から、ハーモニーが始まります。

次世代を信じる風景

講演でマサイ族の話をして、聞こえてくる親たちの声。

「そんなこと言われても、もう三ヵ月は過ぎている……」

「うちの子なんか、もう中学生」

マサイ族の風景には遅すぎる？

親が子どもと一緒に赤ん坊を眺めるのもいいのです。小学生、中学生、高校生、大学生、遅すぎることはないのです。自分の子どもに意図的に赤ん坊を抱かせることだってできるのです。それも子育ての一つの方法です。一家でできる体験です。

赤ん坊がいたら、お願いして自分も抱かせてもらうのです。すると、そのお母さんとあなたの間に不思議な絆が生まれます。そこに、マサイ族の風景が存在しているのです。

家庭科の時間を使って赤ちゃんと触れあう体験をさせている中学校があります。最近は、妊婦さんや乳児の定期検診サービスを保健所などでやっています。ボランティアを募って中学校に行ってもらいます。私が住んでいる東京都杉並区の場合、ボランティアにちょっとしたお礼が出ます。二〇〇〇円くらいだったと思います。私が見学したのは母校の富士見丘中学校でした。

妊婦さんが一人と、乳児を連れたお母さんが十人位。教室の前の方に並びます。赤ちゃんはあっちを見たり、お母さんを見たり、眠っている子もいます。一人ひとり、赤ちゃんを膝に置いてお産のときの体験を語ります。大変だったけど感動しました、そう語るお母さんの顔には真実があります。未熟児で本当に心配したんです、危なかったんです、そう話すお母さんの真剣な顔に、母の強さと優しさを感じます。人間の弱ささえ感じます。それを中学生が見ています。

五人ずつグループになっている中学生の机のところに赤ん坊が運ばれてきます。お母さんが「抱いてみて」と言います。一人の中学生が、恐る恐る、でも嬉しそうに赤ん坊を抱きます。その光景はとてもみごとでした。お母さんはその中学生を信頼して大事な赤ちゃんを、そっと手渡したのです。直感的に、**自然に、次世代を信じているのです**。信じてもらえた中学生が、誇らしげにクラスの友だちを見ます。いつか自分も次世代を信じるときがくるのです。

赤ん坊を抱くのが上手な男の子がいました。シャツがズボンのそとへはみ出して、ちょっと不良っぽく見せています。その子には小さな妹がいて、いつも抱いていたのです。みんなが驚いて感心します。知らなかったことがわかったのです。彼は、家ではいいお兄ちゃんだったのです。昔の村だったらとっくに知っていたことなのに、いまの社会では、家庭科の授業がなければ知ることのできない友だちの姿です。

僕も昔はこうだったと誰かが思います。お母さんたちも中学生を見て、私も昔中学生だったと思います。このとき、魂の交流が時空を超えるのです。

人が別々に歩いてきた道が、乳児によって結ばれる。

生後三カ月の赤ん坊が存在するかぎり、人の心が一つになる次元が存在しているのです。

私にも、いつかもう一度、息子とマサイ族の風景の中で出会うときがくるはずです。それが「〇歳児との約束」です。

風の音が聞こえます。

幼児が善性を引き出す

あるとき、ふと、生まれたばかりの赤ん坊が一番完成された人間ではないだろうか、と感じました。親心を耕すため、幼稚園・保育園のこれからの役割を思い、またなぜ人間は生きてゆくために幼児を見つめなければならないのか、ということを考えていたときのことでした。

宗教は人々に「信じなさい、頼りなさい」と言います。幸せになるために、そうしなさい、と教えます。**全身全霊で、一番信じきって、頼りきって生きているのは生まれたばかりの赤ん坊なのではないか、**とそのとき気づいたのです。しばらくその考えを自分の中であたためていて、やはり一番完成された人間は四歳児、と決めました。信じきって、頼りきって、そのうえ幸せそうだからです。楽しそうだからです。幼児の信頼に応えることが、人類の進化を支えてきたのです。

幼稚園や保育園の庭で遊ぶ子どもたちを眺めていればわかります。心ある人間なら、必ず「いいなあ」と思います。園児を見て、うらやましいと思える人は人生の目標をまだ見失っていない。

完成、という言葉は当たらないのかもしれません。目標とすべき人間像、目指す心持ちというべきなのでしょう。

もっとすばらしいのは、幼児は信じきり、頼りきり、様ざまな人から「いい人間性」「善性」を引き出してくれることです。集まって遊び、たやすく幸せを体現し、幸せになる方法は「ものさしの持ち方だよ」と教えてくれます。砂場で遊んでいる幼児は「砂で幸せになれるんだ。いつでも人間は幸せになれるんだ」と大人に教えてくれます。そして、「このようにあれ！」と示しているのです。遊んでいる幼児を見つめていれば、人類は道を見失わない。大丈夫だったのです。

昔、幼児を眺めることは、仏を見、神を見、自分自身を眺めることだった。

良寛さまとピーター・パン

禅僧の良寛さまは、本を開いて勉強していても、子どもたちが遊びにくると勉強をやめていっしょに遊んだといいます。子どもたちの中に仏性を見、その境地を眺めることが自分を育てる、と知っていたのでしょう。そうだとすると、**子どもたちの存在は、人間が自らの善性に目覚める永遠の可能性です。**

子どもを見つめよ、子どもから学べ、という考え方は児童文学の中にもあふれています。ピーター・パンやメアリー・ポピンズ、宮沢賢治（一八九六〜一九三三）の童話の中に、子どもたち、とくに幼児が大自然や宇宙と私たちをつなげてくれる存在、という視点が見え隠れします。聖書にもそういう話が出てきます。宮崎アニメにも出てきます。子どもの存在が、魂の次元や大自然の幸福論を教え、人を人間らしくする。昔から人類は子どもを一緒に眺め、笑い、社会を作ってきたのです。

もちろん、自分の子どもを育てなかったからといって、人生として欠けているわけではありません。禅宗のお坊さんや神父さん、修道女など、子どもを意識的に授かろうとしなかった人はたくさんいます。授かろうとしても授かれなかった人もたくさんいます。しかし、人間社会は疑似親子体験に満ちています。昔、人々の生活を支えていた親方と弟子の関係、親分子分、いまの社会では、教師と教え子、上司と部下、姉が弟の面倒をみたり、隣人の子どもを預かったりと、絆と信頼があれば、すべての人間が「親心」という自分の善性を思い出しあい育みあうのです。幼児に眺められていることを意識し、深く見つめると、敵と味方、という関係さえ疑似親子体験であることが見えてきます。

「親身」は子どもたちからの贈り物

お亡くなりになりましたが、石井桃子さん(一九〇七〜二〇〇八)という児童文学者がいました。「ノンちゃん雲に乗る」という創作文学や、「クマのプーさん」「ピーターラビット」の翻訳で有名な方です。私は小さいころ、石井先生の自宅にあった桂文庫という小さな図書館に毎週通っていました。裏門を入ると池があって、桂の木が一本立っていました。コリー犬のリュークがお手伝いのミネさんに連れられ散歩に出かけたり、生涯独身をとおされた石井先生が、手袋をして庭で花いじりをしておられたり、という風景を、いまでも思い出します。そんな風景の中で本を読んでいました。

学校教育や親心の問題を考えていると、石井先生の姿が目に浮かぶときがあるのです。石井先生は独身だったけれど、親心の連鎖の中に大きな存在として先生の姿があるのです。子どもたちを思うこと、児童文学に親しむこと、自分自身の中にある「子ども時代」と向きあうことで、大きな「親心」を育まれていたのではないか、と思います。

つい最近まで、人間社会は親心で満ちていました。「親身」という言葉は、簡単に家族の範囲を越えました。人間社会は弱者によって引き出されるいい人間性と、優しくなることに幸せを感じる体験に満ちていたのです。インドの偉人マハトマ・ガンディー（一八六九～一九四八）は非暴力主義を唱え、弱者であることを敵対者に堂々と見せることで相手の善性に働きかけようとしました。彼の社会改革の方法は、そうした意味で親心の法則、子育ての法則、宇宙の法則にかなっていました。

私たち人間から「いい人間性」を引き出してくれるのは、幼児ばかりではありません。あるときは庭の花であり、山や月や雲、野の小鳥、子犬、詩や文学、映画、音楽であったりします。農業や漁業といった日々の仕事、台風や地震のような辛く苦しい体験、死という悲しい体験であったりもするのです。

しかし、人間が次の世代に思いを託して進化するかぎり、子育ては「いい人間性」が育まれる原点なのです。幼児を眺めること、幼児を眺めている人間を眺めること、自分を眺めること、「一人では生きられない幼児たちの信頼に応えようとすること」が、人間性が育まれる原点にあります。

いま、幼稚園・保育園という不思議な空間の役割は、この幼児の「人間からいい人間性を引き出す」役割を彼らに果たさせてあげることです。親に、繰り返し、集団で遊んでいる幼児の風景を見せ、一緒に遊ばせる。その子たちに囲まれながら草を抜いてもらう、遊具の修理をしてもらう。楽しくお酒を飲んでもらう。なんでもいいのです。

保育園の方針で、二歳児とごっこ遊びをすることで親の人生が変わるのを、私は見ました。競争社会に囚われ固まっていた父親の心がフッと融け、言いようのない笑顔があふれるのを見ました。忘れていた幸せのものさしに気づいたとき、自分のいい人間性に気づいたとき、親は安心します。そういう「親心を育てる」園を、私はたくさん知っています。

なぜ四歳児？

なぜ私が「四歳児」完成説に決めたのか。知り合いの園で、〇歳から五歳児の部屋で三〇分ずつ過ごしてみました。すると、四歳から五歳になるときに、何かが変わるような気がしたのです。園長先生に言ったら、そうですね、とうなずかれました。四歳児まではたぶん神や仏の領域。存在としてはまだ宇宙の一部なのでしょうか。

三歳児はやりたい放題、鬼ごっこをすれば自分から捕まりにいってしまいます。四歳ごろから、ルールを守った方が面白い、ということを学びます。鬼ごっこでは、逃げるし、捕まったら鬼になることも理解します。他者との関係がわかってくるのです。自制心を持って他者と関われば、もっと面白いということがわかってきます。相手もそのルールを守ってくれることで信頼関係が芽生えるのです。それを親が眺めるといいのです。自分が通ってきたプロセスのおさらいをするのです。〇歳から四歳までの子育ては、一人の人間の完成、人類の進化の歴史を四年かけて眺めることでもあります。そうして、人は自分という人間を人類の一員として理解し、安心する。**幼児を理解しようとするプロセスが人間を作るのです。**

世界が宗教間の軋轢や、人種や民族間の争いに満ちていても、次の世代を四歳のときに混ぜてしまえば平和や調和は可能でしょう。先進国は、その可能性に気づかなくてはいけません。

なぜ、人間は四歳でせっかく完成していたのに、情報や知識を得て不完全になろうとするのでしょう。もしかしたら、自ら不完全になることによって、みんなで集まって大きな完成を目指そうとしているのかもしれません。人類全体で「絆」を作って完成するために、一度自分を見失う、という苦難の道をゆくのでしょうか。人類としての完成、それが何百年先になるのかわかりません。でも、運命はそんなところにあるのでしょう。だからこそ我われは、時々、四歳児という完成品、目標を眺めていないと、人類全体としての道を間違ってしまいます。

人類の歴史の中でいまが一番大切なときかもしれません。私たちは、人類の進化を決定づける不思議な時代に生きています。

最近聞いた話ですが、ニューロン（脳細胞）の数が一番多いのは人間が生まれる直前で、生まれるときに大量に捨てるというのです。捨て方に個人差があるなら、人生に影響を及ぼすはず。仏教でいえば前世と現世をつなぐカルマ、修行の目標かもしれません。人間はこのニューロンをシナプスというものでつないでゆくそうです。ニューロンネットワークといって、個人で異なる「思考」はこのネットワークのあり方だそうです。そのニューロンネットワークが、生まれて一年で最多に達するというのです。そこから、こんどは思考の回路を自ら削除してゆく。環境や体験にあわせ、どういう考え方が生きて行くために重要かという優先順位を、それぞれの体験から決めていくわけです。言語や文化、習慣、常識といったその社会で生きるための知恵や知識が、共有する思考形態として定まってゆくのでしょう。脳の重さはほぼ五歳で成人並みになると言われていますから、ニューロンネットワークの数と脳の大きさが一番相乗効果を生んでいるのが四歳くらいで、人の思考の可能性、感性がそのころ最大となるのではないでしょうか。私はその状態を、「信じきって、頼りきって、幸せそう」というものさしから、四歳児で完成、最も幸せでいられる可能性を持っている姿としたのです。

一人の人間をニューロンに置き換え、人間同士の「絆」をシナプスと考えると、人類の目的が見えてきます。**「生きる力」とは個の自立を目指すことではなく、「絆」を作る力です。**信じあい、頼りあうことが「生きる力」です。

実際、四歳児が完成された人間かどうかは、別の議論に任せます。しかし、そのように四歳児を眺めることで、先進国で起こっているほとんどの問題が解決するのです。

そこに人類の進化における相対性理論が見えます。

父親たちに幸せを

講演のあと、園長先生たちと、父親を保育園にどうやって引き出すかという話になりました。

「今年から、遠足は父親全員参加にしました」と一人の園長先生がおっしゃいます。「初めは、仕事があるからとか、いろいろ反対意見が出たんです。でも半年前からわかっているんだし都合はつくはず、と言って強行しました。そしたら全員出てきました。小さな山に園児と一緒に登ったのですが、お父さんたちもそれは楽しそうでした」

「小高い見晴台で、園長先生、お酒はだめですよね、と聞くので、私は最近耳も遠いし目も悪いから、と言ったら、みんな自動販売機に飛んで行って山の上で酒盛り。すっかり仲良くなっちゃって、遠足から帰って二次会、三次会だったそうです。また来年もやりましょう、って嬉しそうでした」

自分の子どもと山に登る。たくさんの子どもと一緒に登る。子どもたちの声に囲まれ、子どものペースにあわせて登る。優しさや忍耐力、親心が育っていきます。ほかのお父さんの表情や言葉の中に、何万年もかかって育っていた共通の遺伝子を感じます。大自然の中にいると、いっそう感じます。人間は大自然の中で長い間過ごしてきたからです。

山の上で、遊ぶ子どもたちを眺め、景色を眺め、ほかのお父さんと一緒に少しお酒を飲みます。自分は一人ではない、これを意識できたら人間は強くなるのです。

人間の生きる力は利害関係のない親友を何人持っているかではないか、と思うことがあります。幼稚園や保育園で、社会に一番安心感を与えてくれる「大人たちの絆」が育つのです。**子育てに大切なのは、親身になってくれる相談相手がいるかいないかです**、とある園長先生が言いました。相談相手からいい答えが返ってくるかどうかは、どうでもいいんです。子育ては、一所懸命やってあとは祈るだけ。一緒に祈る人がいれば、人間は大丈夫です。

経済が悪くなってくると保育園ではとくにその影響を感じます。十一月ごろ、来年の就業証明が出ない母親が出始めると、保育士はハラハラします。リストラになる父親もいます。園長先生がよく言うのです。「いい父親だな、と思える人にかぎってリストラされる。いい父親は競争社会には向かないのかもしれません」

リストラされていくいい父親が、社会にとってどれほど大切な存在か、を考え直さなければ、本当の意味で日本を立て直すことはできないでしょう。

落ち着いて片づける

子どもが一歳前後のとき、よく物を散らかして喜びます。嬉しそうに、上にある物は落とし、片づけてある物を引っ張りだし、閉まっている物は開けようとします。言葉もわからないし、言って聞かせられる時期ではありません。しかも嬉しそうにしているのです。この時期、親は子どもの嬉しそうな顔を見るのが好きなのです。それが第一。叱ってはいけません。この時期の子どもを叱ると、安心感のある人間社会はできません。散らかしたら、親は片づける。ただ黙々と片づけます。理屈や理論で考えても仕方ない。宇宙の平和を願って、親は何度でも片づける。この期間は長くはつづきません。もうすぐ言葉がわかるようになります。違った段階の関係が始まるのです。それまでは数ヵ月、繰り返し、ただ片づける。**静かに、落ち着いて、これは私の責任だ、と独りでつぶやくといいのです。**そして、ある日、これは散らかさないでね、とお願いすると、子どもはちゃんと親の願いを聞き入れてくれるのです。

そうした独り言とつぶやきに、夫婦がお互いに耳をそばだてます。そのために、子どもは散らかすのだと思います。

様ざまなことに、子ども中心に自然に反応する姿を眺めあうことで、家族や社会が一つになっていきます。

人間社会が一つになるためには、理屈を越えた、本来持っているいい人間性の確認が必要なのでしょう。「これは私の責任」と言いながら。

インドとアメリカ

インドで一年間暮らしたとき、様ざまなことを学びました。

インドには巨大なゴキブリがいて、日本から持って行った私の浴衣を食べました。近所のお茶屋さんに相談に行きました。ゴキブリ退治の道具を買いに行ったつもりでした。

そのお茶屋さんが、「ゴキブリに餌をやっているかい？」と私に聞きました。「パンの端っくれでも置いておけば、着物は食べないよ」と言うのです。

こういう答えは新鮮でした。ものさしを変えれば答えは一つではない、そのときどのものさしを選ぶかが人間の生き方なのです。

そのお茶屋さんに三人の息子がいました。五歳、七歳、十歳、くらいだったと思います。上の二人はいつも父親を手伝って働いていました。でも、一番下の子は、いつもランプの光をじっと眺めて布にくるまって座っていました。ある日、主人が私に相談しました。この一番下の息子は変わっている、みんなで相談して「学校」に行かせてみようかと思う、少し支援してくれないか、と言うのです。

学校は変人が行くところ、と気づいたのははじめてでした。私の中で、学校に対するイメージが変わりました。何かが見え始めたのです。

こういう人間と学校の関係にかかわる話は、学校が普及し始めたころ、どこにでもあったようです。アメリカ合衆国の作家ローラ・インガルス・ワイルダー（一八六七〜一九五七）の書いた『農場の少年』という本があります。ワイルダーは「大草原の小さな家」シリーズで有名です。『農場の少年』もこのシリーズ中の一作ですが、労働と子育ての関係、という視点で読むと勉強になります。「大草原の小さな家」シリーズは、ローラが若くして教師になったこともあり、義務教育が普及し始めた当時の家庭と学校の関係を知るのに参考になる本です。

『農場の少年』の中に、村に新しい先生が赴任してくる話があります。教会を借りた教室で、一人の先生が年齢の異なる子どもたちを教えている開拓時代の学校です。新しい先生が赴任してくると、その先生を年長の子どもたちが殴ったり蹴ったりして追い出そうとする、それを親が奨励する、と書いてあるのです。これは乱暴な話だな、と読み進めると、前にいた先生も殴ったり蹴ったりして追い出され、それが元で死んだ、と書いてあります。児童文学には、時として生々しい現実が顔を出します。いい児童文学は子どもを子ども扱いしませんし、子どもだましでもありません。

私はこの話に、学校教育の普及と家庭崩壊の関係を本能的に見抜いていた人たちを感じます。学校は子どもたちに役に立たないことを教え、家庭から労働力を奪う。抵抗する理由はそこにあります。家族がお互いを必要として生きている形を壊すのです。これに似た話は、日本の『橋のない川』（住井すゑ、一九〇二〜一九九七）という小説にも出てきます。

いま、アメリカで、三人に一人の子どもが未婚の母から生まれる。女性の負担は異常に大きくなり、幼児と接する機会を持たない父親に親心が育たない。優しさと忍耐力が社会から消えていきます。親子関係が柱になって保たれていたモラルと秩序が消え始めると、教育や警察力や司法の力ではどうにもなりません。子どもが十八歳になるまでに四〇％の親が離婚するのですから、未婚の母から生まれた子どもを足せば、血のつながっている実の両親に育てられる子どもの方が少数です。以前、父親を尊敬しない日本の子ども、という自虐的な統計があって、アメリカの子どもは日本の子どもより父親を尊敬している、という数字が出ていました。これはたぶん「父親のいる子」に質問した結果なのです。対象を父親のいない子まで広げれば実態が見えてきます。質問に「実の父親を尊敬しているか」という条件を加え、無作為に選ばれたアメリカの子どもたちに質問すれば、数字はまったく違ってくるのです。「一緒に住んでいる実の父親」とさらに条件を加えれば欧米の数字は惨憺たるものになります。「一緒に住んでいる」ことの大切さを考慮せずに「父親に対する尊敬」を比べ合うのであれば、それこそ問題です。

親心だけでなく「祖父母心」も存在感を失い、家族という定義が色あせています。自分の孫の存在を知らない、一度も会ったことのない祖父母がどれだけいるか。今年アメリカで生まれる子どもの二〇人に一人が刑務所に入るといいます。検挙率が三割に満たないのですから、全員捕まえていたら、たぶん七人に一人は入るでしょう。五人に一人の少女が近親相姦で犯されるといいます。親心という常識が消えると、本来幸せにつながるはずだった人間の愛が、歪んだ形で子どもたちを襲います。

「夢を追うためには仕方がない」ということでしょうか。「アメリカンドリーム」が、夢を持つことではなく欲を持つことであることは想像がつきました。教育の中で、夢を抱くことがいかに危険であるかを語る人はいませんでした。やがて、闘いの中で絆を信じることができなくなった男女が、それぞれの夢（欲）を追って経済的安心を求め、自立を目指す。自立は孤立を生みます。社会に蔓延する疑心暗鬼が人生に対する疑いにつながります。子育てが負担となり、自立したい女性を苦しめ、福祉で補おうとするほど親心の喪失が加速します。

ベトナム戦争の終結とともに、児童虐待、女性虐待が一気に増えていきました。子育てが親の手からシステムの手に移ると、社会に優しさと忍耐力がなくなってゆくのです。二〇年前、私が最初の本を書いた当時、毎年六〇万人の子どもが親による虐待で重傷を負い病院に担ぎ込まれていました。それでも経済大国を維持するために、政府は「アメリカンドリーム」を教育の柱に据え競争を煽ったのです。

インドとアメリカ、二〇代に体験し深層を見たこの二つの国の真ん中に、私が見ている現在の日本があります。人類にとって大切な選択肢を考えぬくときです。

園が道祖神を生む話

熊本で二代目、三代目の若手保育園長、理事長先生の研究会で講演したときのことです。男性中心の会でした。懇親会で少しお酒が入って、若い園長先生がマイクを握って言いました。

「松居先生。親御さんは、僕の母、先代園長の言うことはよく聞いたのに、なんで僕の言うことは聞いてくれないんでしょう」

保育の核心にせまる質問です。私は嬉しくなって考えました。

「先代は、お元気ですか？」と尋ねました。元気です、という返事に、「まさか、先代を引退させてしまったんではないでしょうね」

保育園も代替わりを迎えています。ビジネスの世界の真似をし、後進に道をゆずる、時代に即した経営、などと言います。日本各地で、創設者である園長・理事長が引退する現象が起こっています。しかし、忘れてもらっては困ります。保育園という特殊な「子育て」の仕組みが「代替わり」を迎えるのは、人類の歴史始まって以来のことなのです。保育園や幼稚園は「子育て」という太古からつづく伝承の流れに関わっていながら、ごく最近作られた新しい仕組みです。お団子や歯ブラシを売るのとはわけが違い、その仕組みを創り上げるには細心の注意が必要なのです。経営を譲るのはいい。でも、園という不思議な空間を単純に二代目に任せていいのでしょうか。

「四〇年以上勤めた保育士に『引退』はありません」と私は若手園長に言いました。

「保育士を二〇年、一人の人間が幼児の集団に二〇年も囲まれれば、『地べたの番人』という称号を得ます。四〇年勤めれば、『道祖神』という格づけになっているのです」

そのときたまたま「道祖神」という言葉が浮かんだのですが、眺めるだけで昔日の真実を感じるものならば、なんでもいいのです。

「まさか、道祖神を引退させたんじゃないでしょうね」

笑いながら話すと、若手園長はすぐにピンときたようで、理解し、苦笑いし、すみません、という顔になりました。

「道祖神はいるだけでいいんです」と私はつづけました。

「園の中を歩いているだけでいいんです。車いすに乗って子どもたちを眺めているのもいい。ひなたぼっこをしているのもいい。門のところで毎朝親子を迎えるだけで、園の『気』が整ってくるのです。園の形が、すーっと治まってくるんですよ。母親の心が落ち着きます。その瞬間、あなたは道祖神の息子です」

子どもたちが育ってゆく風景の中で、私は園長という名の道祖神たちを見てきました。

直接教わったこともたくさんあります。道祖神のいる風景から、私は考え、保育における視点を学んだように思います。園は、子どもが育ち、親が育ち、道祖神が現れ、親心が磨かれてきた場所。そういう場所には絆が育ちます。言葉では説明のつかないコミュニケーションの絆が、大自然に近い秩序を生む。日本人はそういうことに敏感だった。大木を切ることにさえ躊躇してきた民でした。

もう一人の若手園長が、酔った勢いで口を開きました。「うちの道祖神は、もう亡くなってしまったんです」

私は、ちょっと考えてから、「老人福祉をしている所に行って、一つ拾ってくればいいんです」

ちょっとお借りしてくる、という言い方が正しかったと思います。

人間は幼児に囲まれなくても、十人に一人くらいは、ある年齢に達したとき、道祖神の領域に入ります。平和で幸福そうな顔ができあがっています。もうすぐ宇宙へ還る人たち。欲から離れた人たちだからこその落ち着きです。

そのあと、私は宴席で密かに思い出していました。数日前、NHKの特集番組で見た「インカ帝国のミイラ信仰」を……。文化人類学的にです、あくまでも。

ご先祖のミイラが村に一つあって、それに向かって村人の心が鎮まっている風景。心が一つになっている。それに比べれば、**園の道祖神たちはまだ歩いているのです。**

人間が遺伝子の中に持った太古の流れを、時々意識しないと本来の目的を見失います。それどころか、幸せに生きるための秩序を失います。私の想像力は、また一歩飛躍します。厚生労働省がこんな告知をしたら、すばらしい決断と言えるでしょう。

「保育園で道祖神を引退させると法律で罰せられます」

厚生労働省が、こういう視点を持つことができるだろうか？

いまのところ、答えは否、でした。情報に頼りすぎる思考の進み方にも問題はあるのですが、一番の問題は現場の風景を知らない、知っていてもそこから「感じることができない」ことにあるのです。次元が幾重にも交錯する人間の「気」の交流現場に気づきにくい人がシステムを考えていることに、現代社会の欠陥があるのです。感性が鈍っている。官僚と呼ばれる人も、家へ帰れば子どもの運動会に一喜一憂し、保育参観日に行き、ふと我に返るはず。実は細胞は死んではいない。生きる機会と場所を失っているだけです。

アンデスの山を思いながら、「道祖神は、ちょいと惚けてきたら、なおいいのかもしれない」と思いました。惚ける人間の存在にも必ず意味がある。生まれて一年目に、ほんの少し笑うだけで周りを幸せにして親心を育てた人間は、歳月を経て、いつか歩いているだけで周りの気を鎮める神のような存在になりたいのだと思います。

私は、埼玉県の教育委員をやりながら、時々道祖神たちの顔を思い出し、視点を変えればまた違った世界が見えてきます、と折に触れて発言します。私の発言は、県庁の中で少し浮いているような気もします。同時に教育局の人々に何かが通じているようにも思えます。道祖神を見る人間の目や心の動きを教育の現場に復活させる方法はあります。教育局の人たちが「保育士体験」に参加して幼児の集団をたった一日見つめるだけで、地球に変化はあるのだろうな、と思います。いまの常識にとらわれることなく、幼児を意識した視点や様ざまな絆が生まれる環境を、子どもたちが育つ仕組みに取り入れていかないと、親の潜在的不安は治まらないでしょう。意識的に太古の視点を復活させなければ、学校という歴史の浅い巨大なシステムが、はるかに古い魂を持つ「家庭」や「部族」という絆を崩壊させるのが、私には見えます。家庭が崩壊しては困ります。家庭が幼児を守り、幼児こそが、道祖神を生み出しているのですから。

私は、質問をしてくれた園長先生のお寺で、引退した先代にお会いしました。みごとなお顔でした。

「四〇年以上園児に囲まれた保育士に引退はないのですよ」とお話しすると、先代はとても喜んでおられました。

「園に行きたい、とこのごろ思っていたんですよ」とおっしゃった道祖神と二代目のお嫁さんの姿を、私は携帯電話のカメラで撮影しました。私の道祖神コレクションの一枚になりました。

幼児というついこの前まで宇宙の一部だった弱者と、老人というもうすぐ宇宙へ還ってゆく弱者が、欲を持たずに楽しそうに役割を果たしているのを見て、人々は安心します。私もこうだった。そして、私もこうなる。幼児と老人が出会うと、「これでいいんだよね」という笑顔の交歓が行われます。その交歓を風景として見つめる、それが一番いいのです。

親心とは「心をこめる」こと

女性週刊誌に、「おかあさんの心がこもったお弁当」という見出しがありました。こういう言葉を見ると、ホッとします。欧米ではまずお目にかからない見出しです。「心がこもったお弁当」。心がこもっていればカロリーや栄養のバランスは二の次、三の次でいい。これが日本の伝統、個性です。

心をお弁当にこめる、いったいどうやるのでしょう。

祈りを形にする。この不思議な行動を、この国では、皆がそれとなく理解している。子育てにつながる心です。見えないところで心をこめる、祈りの世界です。ちなみにアメリカの幼稚園や学校の遠足で、親の作ったお弁当を持ってくる子はいません。皆、買ってもらったペーパーバッグに入った食べ物を持ってくるのです。心のこもったお弁当とは、ただの食べ物ではなくて、非論理的で非科学的な、親子をつなぐ「絆」のお弁当なのです。

心をこめたかどうかは誰にもわからない。こめる本人にしかわからない。本人と宇宙の直接的関係を大切にする。これが日本の文化です。西洋の文化が輸入され、子育てが学問的、理論的になりはじめたあたりから、この伝統が消えはじめたけれど、まだ残っている。

土壌の中に火種はしっかり残っている。

幼稚園がいいとか、保育園がだめだという話ではないのですが、いい話があります。埼玉県の公立幼稚園の園長先生に講演する機会がありました。講演の前に、男性の園長先生が私に、「幼稚園にきて、感動しました!」と言うのです。公立幼稚園の園長先生の多くが元小学校の校長先生で、三年くらい腰掛け的に幼稚園に赴任してきます。

「幼稚園の親はよくお互いに助けあう。園にも協力的で、何かあっても、たいていのことは親に相談すると解決します」と、目を輝かせて言うのです。そんな親の子どもは当然心が安定していて、「こんな親子なら、学校は成り立ちます!」と、園長先生は興奮気味です。保育に不慣れな新米園長先生には、親たちの助けが嬉しかったのでしょう。何より、先生と親と子どもたちが、自然に絆で結ばれた園の雰囲気が新鮮だったのだと思います。もう記憶の底に埋まりつつある五〇年くらい前の小学校の姿を、垣間見たのかもしれません。ああ、私が昔探していた職場はこんな絆に守られていたんだ、と懐かしかったのかもしれません。

さて、公立幼稚園の特色といいますと、保育料が安い。その優位をなくすため、つまり私立幼稚園の経営を妨害しないため、徹底的に親にサービスをしません。普通、三年保育はありません。給食もありません。バスの送迎をしません。文部科学省があんなに薦めている預かり保育もありません。

そうすると、なんと親心が育つのです。親心が育つと、教育現場に命が吹き込まれます。

園長先生が言いました。「毎日、子どものお弁当を作るだけで『親心』は育つんですねえ。毎朝一緒に歩く、送り迎えの時間がいいのでしょうかねえ。苦労するから、手塩にかけるから、親子の絆も生まれるし、親同士も仲良くなるのですね」

どんな親でも、子どもと向きあい、普通に子育てを体験すれば、必ず親らしくなってゆく、絆を作ってゆくという私の信心が証明されたようでした。お弁当を通して子どもと向きあうことは、魂の次元の向きあい方です。二人で一緒に幼稚園まで歩く、これは未来を見つめた子育ての瞬間でしょう。

いまの社会がすべての親にそれを許さない環境であっても、親が毎日お弁当を作り送り迎えさえすれば、学校は成り立つし、教師も元気になるという証を見るのは、私には嬉しいのです。新米園長先生は付け加えました。「困った親同士が助けあうだけでなく、ここでは、三人目、四人目を生む親がけっこういるんですよ」

一所懸命、自分の感動を語ろうとする園長先生の顔に、私は、人生をかけて探していたものを見つけた教師の喜びを見たのでした。

子どもの楽園だった日本

『逝きし世の面影』（渡辺京二著、平凡社）という本を読みました。江戸の終わりから明治の初めに日本にきた欧米人が書き残した日本の印象が数多く翻訳されています。欧米人が、驚き、感嘆し、羨ましがった日本の「美しさ」は、武士の品格でも儒教的秩序でもなく、貧しくてもすばらしく幸せそうな人々の姿だったのです。

第十章は「子どもの楽園」といい、日本人がいかに子ども中心に、子どもを眺めて笑いながら生きていたか書いてあります。その特異な文明を見て、欧米人はこぞって「地上の楽園」と記したのです。インド、中国、タイ、アジアの国々を通過してきた欧米人が日本にきて目を見張った。日本は特別な国、選ばれた国でした。

江戸は玩具を売っているお店が世界一多い街、とあります。家の前に並んで座っている男のほとんどが幼児を抱えて自慢げに笑っている。子どもの五人に四人は赤ん坊を背負い、江戸ほど赤ん坊の泣き声がしない街はない、と言うのです。赤ん坊が泣けばだれかが抱き上げる、そんな街だったのだと想像できます。一人の赤ん坊を何人かの人間が見ている、育てている。

この国では、子どもが泣いているのをほとんど見ない、しかも、親が子どもを叱るところも見ない、多くの欧米人が同様に証言します。赤ん坊を泣かせないことで、人と人間社会が育っていた。私は、この本の第十章をすべての日本人に、この国の本当の姿を理解するために読んでほしいと思います。こんな素晴らしい文化を持った国に私たちは生まれたのです。

赤ん坊が泣いていたら、そこにいる人が「自分の責任だ」と自然に思う。それが、人間が調和し、安心して暮らしていく原点なのです。そうすれば、大人でも子どもでも老人でも青年でも、だれかが泣いていたら、そこにいる人が「自分の責任だ」と思うようになるのです。

最近は親が、泣いている自分の赤ん坊を見て、勝手に泣いていると思ったり、迷惑だと感じてしまったりする。抱き上げれば泣きやむことを知っているのであれば、泣いているのは自分の責任。よく考えてみれば、「産んだ責任」までたどりつく。その責任を感じたとき、人間は本来、自分の価値に気づくのです。そうやって何万年も生きてきた。親が泣いている自分の子どもに責任を感じなくなった瞬間に、人間社会が長い間保ちつづけていた「絆」が切れてしまうのです。

赤ん坊が泣いていれば、その声を聞いた人の「責任」です。

欧米人には、日本人は子どもを必要以上に甘やかしているように見えました。四歳くらいまで子どもは王様・女王様。みんなからちやほやされ、やりたい放題。それなのに、子どもたちは五歳にもなれば幼いながらも落ち着き、自然に仕事を覚えたり、年長者や老人を敬ったりするようになる、と言うのです。日本人の子育てが彼らには手品のように見えました。幼児が安心している。そして幼児期に「まわりの人をいい人間に育てる」という大切な役割を果たす。果たし終えれば、ちゃんと次の姿に移っていく。美しい人間社会の出発点がそこに見えます。

街を離れ村へ行くと、日中すべての家の中が見渡せる、と驚いています。障子や襖、雨戸の開け放たれた家々は、中が丸見えです。日本人にとって当たり前の風景に欧米人が驚きます。そしてその不思議さを書き残します。「時空をわかちあう文化」がそこにある。時空の「空」をわかちあうことは、襖や障子を開けること。「時」をわかちあうことは、子育てをわかちあうことでしょう。

私は保育者に「幼児の集団を使って親心を耕してください。信頼の絆を育ててください。人間社会をいまの状況から救えるとしたら、幼稚園・保育園が親を園児に漬け込むこと、それによって親心を育み、幸せのものさしに気づくことしかありません」と言いつづけてきました。私が幼稚園・保育園を使って日本に取り戻そうとしていたのは、この本に書かれている、この世界、この風景、この文明だった、と感慨深いものがありました。

日本人にとって「夢」は、自分の幸せを願うことではなく、次世代の幸せを願うこと。

幼い次世代の中に神を見、仏を見て、時々自分もそうだったことを思い出し、毎日ゲタゲタ笑いながら幸せに暮らしていた。「親心」と重なる文明が、この国の「美しさ」でした。人間は、幼児を眺め、「貧しくても生きられる方法」を思い出すのです。

儒教的な背景から戦いの中で育まれた武士道、禅を基盤に、利休、世阿弥が書き残した日本の宇宙的文化は、確かに一人ひとりの人間のあるべき姿や宇宙との関係、欲を離れた安心の境地について、欧米とは違った道を示してくれています。しかし、**欧米人が驚愕した「国としての境地」は、幼児を眺める笑いの中にあった。**

私は、この本を私に紹介してくれた青年に感謝しています。著者である渡辺京二さんに感謝しています。日本を見て、その様子を書き残してくれた欧米人に感謝しています。私がこれを書いているとき、確かに時空を超え守りあう彼らとの「絆」がそこに存在するのです。

赤ん坊を眺め、会議は始まる

貧しい国の人々が豊かになりたいと願い、テレビやインターネットで格差の現実が情報として世界中にゆきわたるようになったいま、自分たちだけは豊かでありたい、と望む先進国の強者の論理には無理があります。

インドや中国は、一歩一歩、着実に夢の実現（欲の実現？）へと進んでいます。発展途上国の教育は、若者たちの「豊かな暮らしをしたい」という強い意欲に支えられています。「親のため」と、子が親を思う気持ちもあります。学校が同じように普及すれば、日本の若者の気力や意欲では太刀打ちできないでしょう。いま騒がれている「学力」を取り戻したとしても、貧富の差とエネルギーのバランスを考えれば、日本が経済的に頂点近くに立ちつづけるには無理があるのです。

少子化もまた、個人の欲の追求から起こった現象です。少子化の現実が国の経済、国の欲を危機に追い込んでゆく。因果応報でしょう。子育ては親の責任という自然界の視点から見れば、日本の少子化は、日本人の責任感と美しさの現れでもあるのです。自分で育てられないなら生まない、女性のこうした意志もまた、自然の摂理の一部でしょう。経済論で太刀打ちできることがらではありません。

進化の歴史から眺めれば、私たちは、いまこの国の教育で子どもたちに「貧しくても幸せでいる方法」を教える義務と責任があるのです。それを教えないと、欧米社会のように児童虐待や家庭内暴力が増え、大量の向精神薬が必要になってくる。徴候はすでに現れています。アダム・スミス（一七二三～一七九〇）が『国富論』の中に書いています。資本主義社会のエネルギーは、人々に不満を持たせ、不安にすること。そのように導けば、ねずみ講のねずみのように人々は競いだす。これが資本主義のからくりです。よほど気をつけないと、グローバルな欲の流れに組み込まれてしまいます。「不満と不安」を「感謝と安心」に変える流れを日本でつくり出すことは可能です。欧米人が一五〇〇年前、パラダイスと呼んだこの国なら可能です。「貧しくても幸せに生きること」は、日本人の得意分野であったはず。それが、日本の美しさの神髄です。

日本が世界に誇れることがあります。これだけ、先進国の中で教育や保育に使われている予算が少ないのに、欧米に比べて青少年の犯罪率が低いのです。児童虐待も少ない。日本の先生はがんばっています。親もまだまだ親らしい。ただ、それが急速に限界に近づいているのです。

先日、委員として参加している埼玉県の教育振興基本計画検討会議で思わず言ってしまいました。「感性教育」について話しあっていたときだったと思います。

「子どもたちのために、心をこめて会議をしようとするなら、たとえば教育局が赤ん坊を一人用意して、会議の冒頭に真ん中に置いてください。みんなで一緒に十分くらい眺めましょう。そうすると、私たちの心が一つになって、細胞が生き返ってくる……」

こうした提案がなかなか実行に移されないのが、私たちの生きている社会です。言葉では「感性」と言いながら、その**言葉の意味が実感されなくなっている**。感性について話しあうなら、まず私たち自身から、「次の委員会は満月の晩にやりましょう」とか、「焚き火を見つめてやりましょう」という提案がなされなくてはいけない。こうした感性の視点は、行政というシステム主導の会議とかけ離れたところにある。ところがこの行政主導の会議こそ、人々の「幸せ」や「生き方」に関わってくる大切な集まりなのです。それは、みなが感性を研ぎすまして、大自然に耳を傾けながら心を一つにする集まりでなければいけなかったのです。偉い人たちの会議ではまず赤ん坊を見つめること。こんな決まりがあると本当はいいのです。

夜空を眺め、寄り添って歌を唄うといい。そういう誰もがうなずくシンプルな教えを、恥ずかしがることなく、繰り返し子どもたちに教えていけば、人間は大丈夫なのです。

赤ん坊が泣く意味

赤ん坊は泣いたら抱かれる。そして泣きやむ。この繰り返しで環境を察知し、ニューロンネットワーク「思考のあり方」の取捨選択をしてゆくのでしょう。オオカミに育てられた子や、最近ではアメリカで地下に閉じ込められ幼児期にほとんど人間と接触を持たなかった子どもに、いくらその後に人間らしさを教えようとしてもできなかった、という記事を読んだことがあります。

それを考えると、アメリカで以前発表された、赤ん坊が夜泣きをしても親が自分の感情を抑え我慢し抱きにいかなければ、やがて赤ん坊は学習し泣かなくなる、という研究が恐ろしく思えてきます。泣きやんでほしいと思う心は、宇宙が私たちに与えた進化するための心です。そして赤ん坊が泣きやむこと、これがすべての人間関係を調和へ導く原点です。

神戸国際会議場で行われた第四九回日本小児保健学会で基調講演をしたときのことでした。学者やお医者さんに混じって音楽家は私だけ。パネルディスカッションで司会をした東京女子医大の仁志田先生とは長いおつきあいです。日本小児科学会の会長の前川先生は私の本を読んで、以前東京国際フォーラムで行われた第一〇〇回記念大会の講演を依頼してくださった方です。ステージで私を紹介してくださった中村先生は「日本母乳の会」の会長さんですから、考え方の根っこが同じです。学問ではなく、人間を見つめてきた人たちです。

ちょっと困ったのは、パネルディスカッションのもう一人の司会者、アメリカのサラ・フリードマン博士が、二カ月も前から電子メールで何回か私の履歴書を送るように求めてきていたことでした。

ほかのパネリスト（イスラエル、イギリス、インドネシア、中国、ネパールの学者）はもうそれぞれ電子メールで履歴書を送っていて、それが私のところへも転送されてきます。どこの大学で学士、修士、博士号をとり、学会誌に論文を発表し、大学で教えていて、行政ではこういう仕事をしています、著書はこれこれ、と立派に細かく書いてあるのです。英語で。

私も当時、音楽に関してならレコード会社が作った英語の履歴書があったのですが、スピルバーグの映画で尺八を吹き、CDを十四枚出していますなどと、学会では意味のないことしか書いてありません。よっぽど、「音楽家」とだけ書いて送ろうかとも思ったのですが、それも失礼です。

フリードマン博士はアメリカ人の女性です。私はたぶん、基調講演でアメリカのことを悪く言ってしまうでしょう。学会が始まる前から気分を害してはまずいのです。

仁志田先生や中村先生は、普段私が書き、しゃべっていることをそのまま欧米の学者にぶつけたらどういう反応が返ってくるのか、ということに興味を持っているはず。だから私が呼ばれたのだと思います。結局、何も送らずにその日がきてしまいました。

「節度と場所柄」と自分に言い聞かせつつも、世界の子どもの幸せを願って、私は、やっぱり三人に一人が未婚の母から生まれ、生まれた子どもの二〇人に一人が刑務所に入るアメリカ社会の現状を、「まともな人間社会じゃない」と講演で言い切ってしまいました。同時通訳の人が、ヘッドホーンの中で、どう英訳したかは知りません……。

イスラエルとイギリスの学者が、共通して「長時間保育がいかに悪い影響を子どもに与えるか」というテーマで研究発表をしていたのが印象的でした。日本の厚生省は二〇年以上前にこういう研究結果を発表していますが、その当時が八時間保育でした。労働省と一緒になって学者と政治家の経済論に押し切られ、いまでは保育園は十一時間開所です。イギリスは、伝統的家庭観を取り戻そうと必死にもがいています。中学高校で退学者を増やし、家庭に子どもを帰すことによって親の責任を喚起しようという方策は、退学させられた生徒の七割が犯罪者になる、という結果を招き失敗しました。その失敗の原因を、こんどは長時間保育に求めようとしたのでしょう。

イスラエルでは、政府が親子を制度的に引き離して子育てを政府が行うという実験を昔行いました。キブツで起こった様ざまな問題点を把握しているイスラエルの学者は、保育機関が政府に管理され、保育が仕事となることによって保育者の質がいかに低下するか、という報告を行い、保育所での虐待や放置の現状を、非常に具体的に発表していました。ビデオを使いながら、泣いている子どもに声をかけるまで、親なら平均何秒、保育者なら平均何秒。子どもの喧嘩を仲裁するまでに、親なら何秒、保育者なら何秒、という具合です。

アメリカのフリードマン博士だけ女性だったのですが、私が基調講演でアメリカの現状を批判したのを聞いて不愉快な思いをしていたと思います。六割の家庭に大人の男性がおらず、公立の小学校を使って父親像を教えようとしている首都ワシントンDCのことを話し、「こんなのはもう正常な人間社会とは言えない」と言ってしまいましたから。夕食時もなかなか目をあわせようとしません。

パネルディスカッション、基調講演のあと、夕食をはさんで、深夜まで討論がつづきました。本当は「もう英語でしゃべるのは疲れましたね」と仁志田先生と二人でホテルのバーへ逃げたのですが、なぜかみなさんがそこへやってきたのです。でも、実はそれからが面白い討論会になったのです。

私は、長時間保育で問題行動を起こす子どもが増える、という風に考えるべきではなく、長時間保育で親側に親心が育つ機会が減り、それが子どもの問題行動につながる、と考えるべきで、子育ての問題を「子どもが親を育てる。とくに絶対的弱者である乳幼児が人間から善性を引き出す」と考えないと根本的なところで過ちを犯してしまう、という視点を繰り返し話しました。この人たちはこの問題についての専門家ですから、私の話をヒントに実際に国に帰って行動を起こしてくれる可能性を持っているので力が入ります。

イギリスとイスラエルの男性学者が長時間保育の問題だけではなく、保育の質、保育者は親に代わることはできない、というところまでつっこんでくるのに対し、女性のフリードマン博士は、女性の社会進出に不可欠な保育施設の存在を守る立場が鮮明でした。それでも深夜になるころには、ずいぶん私の話に理解を表明してくれたのです。

「あなたは本当にアメリカ人ですか？」と私は聞いてみました。

「実は二〇歳までイスラエルで育ったんです。それから三〇年間アメリカに住んでいますが」と彼女は答えました。

女性が経済競争に参加することによって社会から失われるものがある、文化人類学的に言えば当たり前のこと、それから目をそらすことは責任回避です、と言い切る私の視点は、純粋にアメリカ育ちの女性、しかも競争社会における勝ち組である学者という立場まで登りつめた女性が受け入れられるものではない。それがわかっていながら、その場で私が強引に、しかも短時間に私の通常の論法で話をすすめたのには、イギリスとイスラエルの学者の共感があったからかもしれません。二人とも私の本を英訳すべきこと、出版社を紹介してもいい、共著を考えたらいいのではないか、とすすめてくれました。

赤ん坊が泣いていないことは、人間の存続にかかわる重大事でした。原始時代、それは肉食動物から身を守ることでした。そしていま、**赤ん坊は泣きやむことによって「信じること」を学ぶ**のだと思います。

以前、文部科学省と東京都が主催した青少年健全育成地域フォーラムにパネリストによばれたことがありましたが、その集まりのタイトルは「子どもの健全育成と大人の役割」というものでした。このタイトルが「大人の健全育成と子どもの役割」とされたときに、現代社会が抱える様ざまな問題の糸口が見つかるのだ、と思います。

保育園の園長先生が嘆いていました。「仕事をするために保育園に子どもを八時間以上も預けておいて、小学校に入ってから子どもが心配だからそろそろ仕事をやめようか、という母親がいるんです。本末転倒。小学校に入るまでが大切なのに」

学校が普及した社会で、〇歳から五歳までの子どもたちの役割を、あまりに軽く考えているのです。

ご主人と一緒にきなさい

愛知の吉田敬岳先生は密教のお坊さんで幼稚園の園長先生です。名古屋での講演会のあとで面白い話を聞きました。

幼稚園に不満があって子どもをやめさせる、とまで言う母親に、「その前に、ご主人と一緒に一度話しにきなさい」と言うのだそうです。すると、それだけでたいていの問題が解決するそうです。

最近、子どもをやめさせると言ってきた母親たちの話です。一人は、子どもがバスの中でほかの子どもに引っ掻かれたからやめさせる。もう一人は担任を男の先生にしてほしい、「うちの子はおとなしいので、男の先生によって明るく強い子にしてほしいと思っていたのに、また女の先生になってしまった、だからやめさせる」と言うのです。

「ご主人と一緒に、もう一度きなさい」と言うと、母親は、家に帰って夫に幼稚園に対する不満をぶつけます。ご主人も、子どもが幼稚園をやめようかという話です、しかも園長先生に二人一緒に呼び出されているわけですから、真剣に妻の話を聞かざるをえない。不思議なことに、母親が二時間も自分の不満をご主人にぶつけると、たいてい幼稚園に対して「もういいです。やめさせるのはやめました」となるそうです。母親の幼稚園に対する不満が、なぜかおさまってしまうのです。ご主人がふだんから子育ての相談に乗っていれば、こんなゴタゴタは起こらなかったわけです。

子育てには、やはり女親と男親の視点、観点、そして夫婦の絆が大切だ、という見本のような話です。絆といえば大袈裟ですが、「二人の」子どもだということが、なんとなく時々確認できていれば安心するのです。

母親はご主人に不満をぶつけることによって、自分自身とも話しあっています。ご主人はひょっとして妻の話になんとなく耳を傾けていただけかもしれない。それでも、聞いてくれる人がいるだけで、人間は落ち着くのです。一人で生きているのではない、家族がいる、という実感が人間の怒りを鎮めます。これも大切なコミュニケーションの形です。言葉を交わしたり、文章を書いたりするのはコミュニケーションの表面でしかなく、**「相手をそこに実感すること」が本当のコミュニケーションなのです。**

吉田先生の解決方法は人間関係の極意です。私にも同じような経験があります。

あるお母さんが講演のあと、「幼稚園で息子が友だちに蹴られたというので、とても心配です」と深刻な顔をして相談してきました。

「アザでもできましたか?」と私が尋ねると、「いえ、あとは残ってはいません。ただ、蹴られたというだけです」。外傷もない、痛みが残っているわけでもない。

だからこそ事情がわからずお母さんは心配なのに、園の先生に相談できない。相談しても園から、心配しないでください、よくあることですから、園のことは園で対応しますから、と言われるに決まっています。実際、子どもが蹴るたびに親の相手をしていたら保育の時間がなくなってしまいます。

このお母さんの場合、相手の子どもは誰だかわかっているのですが、どうしていいかわからない。どうしていいかわからないと、もっと心配になる。そこで、親としての自分に自信がなくなってしまう。人間の悩みはたいてい自らが創り出すもの。その中でも自己嫌悪ほどつらいものはありません。

「相手の子のお母さんがあなたのお姉さんだったら、こんなに心配していますか？」と私は尋ねました。

するとちょっと考えて、「そうですね、こんなには心配しなかったと思います」

「その子の母親とあなたが中学時代の親友だったら、あなたはこんなに心配していますか？」ともう一度訊ねました。すると、やっぱり少し考えて、「たぶん、心配してなかったと思います」と答えます。自分の心がよく観察できるお母さんです。

「では、問題はあなたと相手の子のお母さんが友だちになれば解決するわけですね」と私は言いました。すると、お母さんの顔が、ホッと明るくなりました。

子どもたちを囲む親の心配、これは大切なことですし、健全な親心だと思います。しかし、親同士の絆の希薄さ、大人同士の疎遠さが必要以上に子育てをする親を苦しめているのです。園や学校という最近作られた巨大なシステムが生みだしている特殊な不安、環境問題です。「相手を実感すれば」簡単に解決できる苦しみや不信感が、積もり積もって社会に環境問題として悪い影響を与えているのです。

人間同士の絆を深める子育てを基盤にしたコミュニケーションが、学問を基盤とした情報収集、情報交換といったコミュニケーションにその座を奪われようとしている。だからこそ、幼稚園や保育園の大切な役割に、親同士の交流を深め、親が友だちを作って卒園してゆく、ということがあるのです。

吉田先生からこの話を聞いた講演会には、名古屋国際会議場に三〇〇〇人の幼稚園の先生が集まりました。話し終えて精も根も尽き果てたとき、熱く、長い拍手をもらいました。三〇〇〇人の保育者の心が一つになれば、大切なことができるはず。弱者が幸せに暮らせる社会を作るために、日々親心を耕してほしいと思います。

豊かさに弱い人間

ある精神科のお医者さんから聴いたのですが、人類は、過去一人ひとりが過ごした時間をすべて足すと、九九・九九九九九％、貧困の中で過ごしてきた。だから貧困には強いが、豊かさに弱い。生物学的に見ても、血糖値を上げるホルモンは二〇種類もあるのに、血糖値を下げるホルモンはインシュリンしかない、これは精神的にもそうなのではないか、というのです。

豊かになった国ほど、人々は「自立」し、孤立し、幼児を眺めなくなることによって絆が崩壊し、うつ病などの精神的病が多いのです。自由・自立という言葉の先にあるのは自己責任。絆がまわりにないと、往々にして自己責任は自己嫌悪につながります。自己嫌悪が人間には一番つらい。経済主体の考え方で動いているアメリカ社会を見ていると、「自立」は絆をつくって守りあうことをやめた人たちの責任回避だ、と思えてきます。

貧困の中で培われた人間の特性に、男らしさ、女らしさがあります。この生きるための性的役割分担もまた、近ごろ豊かさとぶつかっています。ネアンデルタール人などを研究する古人類学では、男は狩りに出て、女が子どもを見るという労働の役割分担ができたとき、人類は「家族」という定義を発見した、といいます。これが家族という絆の成り立ちのすべてだとは思いませんが、欧米先進諸国を見ていると、労働の性的役割分担が薄れたとき、人類は「家族」という定義を見失う、というのはほぼ当たっています。

その国が豊かなときはそれでもいい。でも、家族という定義を失うと、人間はたいてい豊かさに見放される。そして貧困の中で、家族がいないと人間は生きられません。

アメリカという現在進行形の移民国家では、一世、二世、三世、そしてルーツの違う男女の婚姻によって祖国の影響が薄くなった人たちが、渾然と暮らしています。「一般論」が成立しにくいアメリカで、移民後の世代割りによる一般論が人種や文化を越えて比較的成り立ちます。中国やインド、ベトナム、東ヨーロッパなど文化的背景が異なる人たちでも、移民前の「祖国」には共通して長い歴史を経た家庭観があって、それが親子関係の質、家庭の「形」において似通っています。時間の中で培ってきた幸福の土台や安心感の置きどころが家族にあって、その絆を保つために造り出された様ざまな「ルール」や「常識」「人生観、幸福観」に、文化を越えて共通点が多いのです。ごく最近まで、ほとんどの文化で、生きてゆくためには「家族」が社会の最小単位であって「個人」ではなかった、ということです。

二〇年前、学校教育の崩壊が国の危機として叫ばれていたころ、アメリカの大統領選挙や連邦議会選挙のたび、社会を立て直すために一番必要なもの、として掲げられたのが「伝統的家庭の価値観」（Traditional Family Value）でした。日本は、もともとこうした「伝統的家庭の価値観」に関して優等生でした。だから先進国の中で犯罪率や家庭崩壊に関して抜群に状況がよかったのでしょう。アメリカにおける移民後の世代を定義してみます。

一世は、主に祖国、長い歴史を持った文化圏の「家庭」で育ち、その文化圏で「学校教育」を受けたか、まったく「学校教育」を受けなかった人たち。

二世は、主に祖国の文化圏の価値観を強く持った「家庭」で育ち、アメリカで「学校教育」を受けた人たち。

三世は、主に祖国の文化圏の価値観が薄まった「家庭」で育ち、アメリカで「学校教育」を受けた人たち。

そして、その次に祖国の文化圏の価値観をほとんど持たずに、アメリカの価値観を持った「家庭」で育ち、アメリカで「学校教育」を受けた人たちがいます。

統計的に見ると、英語や読み書きがあまりできず、社会習慣などでもハンディキャップを負っているはずの移民一世が、アメリカで経済的に成功する確率が最も高いのです。二世、三世と、アメリカの社会構造や価値観に染まれば染まるほど、経済的成功、アメリカンドリームを達成する確率が低くなっていくのです。アメリカ型社会に慣れるほど、アメリカ型成功をしなくなる。仮に経済競争を幸福論の中心に置いたとしても、**家族という絆**

が崩壊すると、自立は孤立につながり、成功する確率は下がっていくのです。失敗しても帰るところがある、絆にもとづく安心と心の余裕が、経済競争においても有利にはたらくのです。

グローバルな競争社会に巻き込まれようとしているいまの日本社会でも、いまだに社会進出という言葉を使って経済競争に参加することが奨励されています。政府の待機児童ゼロ作戦もそうですが、この国がグローバルに競争力を持ちつづけることが「いいこと」という前提のもとに福祉や教育制度が動いています。幼児を眺める時間が減り、親子関係を土台にした安心が希薄になる中で、摂食障害、うつ病といった豊かな国特有の精神的な病が増えています。摂食障害をもつ人に成績優秀者が多いのも、体験の伴わない情報にもとづいて競争社会を意識したときに、人間は不安を感じ、絆にもとづく安心をより求め、その希薄さを肌で感じ現実に背を向ける、ということなのでしょう。

大酋長ジョゼフと学校

先生が子どもたちに「夢を持ちなさい」という。その先生たちに、「先生は夢を持っていますか？」と質問すると言葉につまってしまう。「昔は、こんな夢を持っていました」「退職したらこんなことをしたい」といった答えが多かったのです。こうした矛盾に囲まれて子どもたちは生きています。伝承のプロセスに信頼関係が薄いのです。

私の好きなインディアンの大酋長にジョゼフという人がいます。一五〇年くらい前に生きた人です。あるとき、ジョゼフが白人の委員とこんな会話をしたのです。

ジョゼフは、白人の学校などいらないと答えた。

「なぜ学校がいらないのか？」と委員がたずねた。

「教会をつくれなどと教えるからだ」と、ジョゼフは答えた。

「教会はいらないのか？」

「いらない。教会など欲しくない」

「なぜ教会がいらないのか？」

「彼らは神のことで口論せよと教える。われわれはそんなことを学びたくない。われわれとて時には地上のことで人と争うこともあるが、神について口論したくはない。われわれはそんなことを学びたくないのだ」

（ディー・ブラウン著『わが魂を聖地に埋めよ』下、一一三頁、草思社、一九七二）

もともと西洋人が学校教育を作った背景には、識字率を上げ聖書を読める人を増やす、という目的がありました。アメリカ大陸にきて、「神」を知らないインディアンを西洋人は不幸な人、野蛮な人と見、学校教育が必要だと考えたのです。

ところがジョゼフは、神はすでに在るもので、議論の余地のないものと見ていた。学校という西洋的な仕組みの本質をついた視点です。なぜジョゼフがそれを見破ったか。大自然と一体になった人間の感性が、白人たちの子育てに何が欠けているかを見抜いたのかもしれません。神を広めようとする白人の行動に、神の存在を感じなかったのかもしれません。

『逝きし世の面影』（渡辺京二著、平凡社）に出てくる日本人の姿と大酋長ジョゼフを私は重ねます。西洋人が、日本人は無神論者的だと感じた風景の中に、実は幼児を眺め、同時に神や宇宙を眺めることができる特殊な文明が存在していた。そして、西洋人はその無神論者的な社会に、なぜか一様にパラダイスを見た。

ジョゼフがこの発言をしたちょうどそのころ、欧米人は日本というパラダイスを見ているのです。インディアンの生活が原始的であったがために、日本を見て感じたパラダイスが見えにくかったのでしょう。同じ人間の営む文明として敬意を払うまでにいたらなかったのだと思います。

当時日本にきた欧米人が驚いたことの一つに、日本の田舎ではすべての家の中が見渡すことができたというのがある、と書きました。当たり前のように時空を共有することが、パラダイスを形成する安心感の土台にあったのです。もし、同じような観察をアメリカインディアンにもしていたら、西洋人はもっと大きなパラダイスを発見していたかもしれません。

西洋人が学校でインディアンに教えようとしてなかなか教えられなかったことの一つに「所有の定義」がありました。共有の中で生きてきた人たちは、西洋人が正当なやり方でインディアンから土地を手に入れても、そこから彼らは立ち退かなかった。土地は天の物、神の物であって、人間が所有できる物ではなかった。この視点の違いから、悲惨な闘いの歴史が始まるのです。

日本では、土地の所有に関して血で血を洗う闘争の歴史がありました。しかし、それは主に武士階級の間で行われており、村人の日々の生活の中に現実としてあったのは、共有の精神だったと思います。**一人の赤ん坊を育てるには数人の人間が必要で、そのことが未**

来を共有する感性を人々に与えたのだと思います。システムだけ見ているとわからない、魂の次元での一体感や死後へも続く幸福観を村人はちゃんと持っていた。西洋人の観察の中に、確かに日本には封建制はある、武士は一見威張っているように見える、しかし、なぜか村人は武士を馬鹿にしているふうに見受けられる、とあるのですが、このあたりが本当の日本の姿だったのではないでしょうか。

一日保育士体験

一昨年の夏、埼玉県の保育園の園長先生と保育士二〇名くらいで「親心を育む会」という勉強会を始めました。月に一度、園の子育て支援センターに集まって、現場の問題やこれからの園の役割などについて話しあうのです。お漬物や、持ち寄ったお茶菓子を食べながらざっくばらんに、しかし真剣に話しあうのです。こんなテーマで一時間激論を交わしたことがありました。

「保育が終わって母親に渡した一歳児が園の敷地内でうんこをした。オムツは保育士が換えるべきか、親が換えるべきか」

討論の中に、人間社会における福祉の問題点が現れたように思います。

ある園長先生は、「私だったら、『あんたの子でしょ』ですませるね」と貫禄で言い切ります。若手の園長先生は、「それは先生だから言えること。私たちには無理です」。なぜ無理なのでしょう。福祉という仕組みが、「立場」や「権利」を子育てに持ち込んだからです。園内では布オムツ、と決めているところは最初と最後に親がオムツを替える儀式があるので問題は起こりません。親がオムツを替える部屋が用意されていて、それとなく「あちらへどうぞ」でうまくやっています。仕事をさぼっているように見られるのが嫌なので、さっさと保育士に換えさせてしまう園もありました。対応は様ざまです。

私が最後に言ったのは、「いまここでした議論が親の前で堂々とされるようになる、それが実は解決策でしょうか。共に子どもを育てている者同士、なんでも言える信頼関係が必要ですね」

親心を育む、これを子どもが幼児のうちに保育園でやらなければ学校も社会も保てない。合い言葉は「一網打尽」。それが「親心を育む会」の第一回目で話しあわれたことでした。すべての親に参加させる、すべての園で実行できる。私たちの目指す「一網打尽」の志は高いものでした。志を高く持たないと、いまの保育界を囲む現状は正せない。「保育園が親を育てよ！」とはっきり書いてある新しい保育指針は、そういう意味で歓迎です。

まず、親が感謝の気持ちを園に抱くこと。次に、行政や政治家が保育園の役割の大切さを認識すること。最後に、幼児期の原体験が安心に満ちたものであるために、親と保育士の心が一つになること。それができたときに、先進国社会に共通の家庭崩壊、モラル・秩序の崩壊は止められるかもしれない。そんな思いがありました。

そして生まれたのが、親たちの「一日保育士体験」の構想です。年に一日八時間、会社を休んで親が一人ずつ保育園で園児に囲まれて過ごす。これが骨格です。すでに以前からやっている園を私はいくつか知っています。園で親が時間を過ごせば過ごすほど、親の

「幸せのものさし」が人間本来のものに還ってゆくことを、園長先生方から教えられていました。幼稚園で、「一日副担任」という名で同様の親育てをしている園で講演をしましした。そういう園の親は、講演をしていても感触が違います。細胞が生きている、遺伝子がオンになっている、生き生きして感度が違うのです。

「親心を育む会」の強みは、園を使って実験ができること。まず三つの園でやってみました。その結果は、会のメンバーを少なからず驚かせました。親が全員参加したのです。そして文句がほとんど出なかった。感想文に、判で押したように、保育園への感謝の気持ちが書かれていました。日本の親は大丈夫、幸せの探し方を知っている。私は感動していました。宇宙の法則はまだ生きている。最後のチャンスかもしれない。

先生たちに「一日保育士体験」のマニュアルをすぐに作ってください、とお願いし、私は埼玉県知事の上田さんに面会予約をとりました。埼玉県主催の私の講演会を五年前に聞いて私を教育委員に任命した知事は、理解してくれている人でした。先生方が急いで作り上げた十四ページのマニュアルを持って私は知事に会いました。そして二カ月後、当時厚生労働副大臣の西川さんにも会いました。「このたった十四ページのマニュアルが日本を救います」と、私は言いました。

親の目が保育園に入るのを嫌がる保育士がすでにいるのです。しかし、それではいけない。保育の質を親の信頼に応えて維持するのが、幼児に対する大人の責任です。

私たちの話しあいを発表するため、「親心を育む会」のホームページができました。そこで「一日保育士体験」のマニュアルをだれでもダウンロードできるようにしました。保育士の真心が動き始めました。

保護者アンケートより抜粋

・紙芝居を子どもに家で読んであげるのと、たくさんの子どもの前で読むのとでは、今日のほうが緊張しました。一日保育参加にきてとてもよかった。
・子どもの一日の様子を見ることができて、とてもよかったです。集団行動を小さいなりにやっている、それなりに皆にあわせて一日過ごしているのが見られてほっとしました。
・本人に生活習慣を学ばせるのは、すごく難しくて、保育士の先生の手法がとても勉強になりました。お洋服のお着替えも、あのくらいできるんだと感動しました。それにしても先生はすごい！　と、息子のときもそうでしたが、改めて感じ、感謝いたしました。
・とにかくエネルギーにあふれていて、パワーに圧倒されてしまいました。先生は本当に大変ですね。すごい!!　と改めて感謝しました。保育参加できてとてもよかったです。読み聞かせは、もっと子どもたちの表情を見ながらやればよかったです。

・たくさんの子がいて、個性も様ざまで、保育するのはとても大変ですね。先生方の姿を見て、これからわが子とのかかわり方もこうしたらいいかな、とかいろいろ考えさせていただきました。
・保育士の先生方の日々のご苦労を実感しました。わが子のしつけだけでも毎日疲労してしまうのに、多くの子どもに囲まれつつも、教育と安全と、調和を考慮しながらの保育の姿に頭が下がる思いと、紙芝居を読むことが、会社で上司や同僚の前で行うプレゼンより緊張するのだなと驚きました。
・最初は皆と仲良くできるか不安でしたが、子どもが好きなので皆に「○○くんのママ〜」って逆にかまってもらって嬉しかったです。
・平日は朝早くから夕方遅くまでお願いしており、忙しくしているので先生方の顔すらよく分からなかったのですが、今回の一日体験で園の中の様子や先生方もよく知ることができました。とてもよかったと思います。
・保育園での生活リズム・お友だちの顔・お散歩コース等々、いままで知らなかったことをたくさん知れて、いい勉強になりました。保育体験をするまでは不安でいっぱいでしたが、子どもたちが楽しく接してくれ、楽しい一日を過ごせました。でもやっぱり先生方の仕事は大変だなぁと改めて思いました。感謝、感謝です……。参加してよかったです。ありがとうございました。

・今後もぜひ親に保育園へくる機会を与えてください。日頃の先生方のケアが大変なことを親は知るべきであり、お互い歩み寄って協力できたらとてもいいと思います。
・保育参観だけでは見られないことや、運動会の準備にも参加でき、いい体験をさせていただきました。年に一度このような経験をするのは子どもにとっても親にとってても子育ての上でプラスになると思います。子どもも喜んでくれました。
・考えていたよりもずっと保育の内容が盛りだくさんで、楽しませていただきました。お手洗いがとてもきれいで、子ども向けなところがいいと思います。なによりも保育士の方々の日々の大変さがとてもよく分かりました。ぜひまた来年も計画していただきたい行事です。

私は、「一日保育士体験」によって、親たちに感謝の気持ちが育ったとき、保育の質が本当の意味で整うのだと思っています。「一日保育士体験」は、保育士にとっても高いハードルです。いつ親に見てもらってもかまいません、という意思表示です。残念ながら、これを恐れる保育園があって、日本の保育を囲む仕組みがこのまま進んだら、そんな園が増えてきそうです。だからこそ、私は、心ある園長先生たちにこれを作っていただいたのです。

子どもが嫌い、という親が一日で変わったりします。子どもは子ども同士でいるとき、よりいっそう子どもらしくなって、集団で遊ぶ子どもたちは何倍もの力で親を親らしくします。人間を人間らしくします。幸せのものさしを伝える力が強くなるのです。経済競争から離れた幸福の風景を見て、父親の幼児虐待や女性虐待が止まります。親を園に迎えた子どもたちの喜びが、親の生きる力になります。**八時間を共に過ごした親の素直な感謝の気持ちが、保育士の責任感と優しさを育て、保育が仕事という枠を越えて、生き甲斐になります。**子育てを包みこむ大人たちの絆が、たった八時間の保育士体験で育ってゆくのです。

保育士にとっても嫌な親はいます。保育士も人間ですから。でも、「一日保育士体験」をやると、あのお母さん、そんなに嫌な人じゃなかった、ということになったりします。幼児に囲まれると、人間それぞれのいいところが引き出され、見えてきますから、日常の朝と夕の五分くらいの接触では見えない別の面が見えてきます。

埼玉県では、公立学校の生徒の十％が軽度の発達障害児といわれています。本来、人間はみな軽度の発達障害者で、それを個性というのでしょう。昔だったら個性ですまされたことが、生きる環境に安心感や安定感がなくなってくると、個性が個性ですまされなくなる状況が起こってきます。個性は常に環境に反応するからです。そして、不安は連鎖します。一人の子どもの個性がまわりの子どもたちの個性を誘発し、教師の精神的健康が限界に近づいています。

現実問題として、親の中にも軽度の発達障害を持っておられる方がいます。その人を園側が理解することはとても大切なのです。適切な助言をするためにも、「一日保育士体験」で知りあうことがいいのです。


改訂された新しい保育所保育指針に、保育所は「子どもの保護者に対する保育に関する指導を行うものである」とあります。いままで子どもの幸せを真剣に考える園長先生や保育士が親に注意すると、役所に文句がいき、役所から、文句が出ないようにしてください、と言われることが多かったのです。福祉はサービス、親のニーズに応えるもの、という厚生労働省からのお達しが役所にゆきわたっていたのです。役所の補助で成り立っている保育園は、現場を知ることがほとんどない役場の保育課長の言いなりにならざるをえなかった。ですから、この改訂は朗報でした。指針には、「保護者とともに、子どもの成長の喜びを共有すること」とあり、「子どもと保護者の安定した関係に配慮して保護者の養育力の向上に資するよう、適切に支援すること」とあります。

もちろん、こんな大切で難しいことを時給九〇〇円で保育士にお願いするのは無茶な話です。でも、それをいま保育士が子どもの幸せを願ってやらないと、将来、そのつけは様ざまな分野でこの国に返ってくるのです。すでに、学級崩壊、治安の悪化、老人介護のゆきづまりなどに兆候は出ています。だからこそ、やっと保育指針や幼稚園の教育要領がここまで変化したのです。二〇年前にこの指針があったら、とつくづく思います。保育士や保育所に対する補助や待遇の悪さについて書き始めると一冊の本になってしまいますから、ここではあまり述べませんが、経済界や政界が保育の役割を財政的に軽視している状態では、「一日保育士体験」で、親の保育士に対する「感謝」という面から、待遇改善を呼びかけるしかありません。でも、この一歩は大切な一歩です。人間的な一歩です。

「一日保育士体験」が日本の常識になったとき、本当の意味での改革が始まります。

高校生の保育士体験

高校生、中学生、小学生に、夏休みを利用して三日間の保育士体験を、もう十五年も前から行っている園長先生が島根県におられます。保育園は夏休みもやっていますし、〇歳児からいるから都合がいいのです。

ふだんはコンビニの前でしゃがんでタバコを吸っている茶髪の高校生が、園にくると園児に人気が出て、不良高校生の表情が生き返るというのです。もともと、心が園児と近いのかもしれません。心が園児と近いと生きにくい世の中になったのかもしれません。だからこそ一人でしゃがんでいたのかもしれません。

園児は、駆け引きをしません。**駆け引きをしない人に人気が出るということは、実は本物の人気です**。高校生も本能的にそれを知っていますから、自分が宇宙から認められたような気がします。それでいいんだと宇宙から言われたとき、不良高校生たちの人生が、変わるのです。自分が自分であるだけでいい、という実感が「生きる力」になるのです。それまで、それではだめだ、もっと勉強しなさい、こんな人生を目指しなさい、と信じることのできない相手からいろいろと言われてきて反発していたのに、そのままでいいよ、と一番信じられそうな人に言われ、自分に対する見方が変わります。命に対する見方が変わるのです。そして、自分もこうだった、人間は生まれながらにすでに自由だ、ということに遺伝子のレベルで気づくのだと思います。幼児を世話し、遊んでやって、遊んでもらって、弱いものを守る幸せが、とても新鮮な、真実に思えるのでしょう。駆け引きのない人間関係の楽しさや嬉しさに感動するのです。

　どんなにひねくれた高校生でも、どんなに苦しそうで危機に陥っている大人でも、一歳児に微笑みかけられると嬉しくなります。まわりに見ている人がいなければ、微笑み返します。幼児とのやりとりは、人間に、自分は本質的に善だ、ということを憶い出させてくれるのです。駆け引きをしない幼児を見ていると、人間は生きるためと思って不完全を目指してきた自分に気づき、自分の本来の姿に嬉しくなるのです。

　いま、埼玉県でこうした生徒と幼児の交流を行っている学校が六割を超えました。赤ん坊と母親が家庭科の時間にきたり、中学生が児童館へ出向いたり、保育士体験もあります。こうした体験のより密度の高い積み重ねが、いつか生きてくるのだと思います。

保母さんの涙

先日、ある認定こども園に見学に行ったときのことです。園長先生と出会ったのは、全日本私立幼稚園連合会の関東地区研究大会の食事の席でした。私が「認定こども園は、問題が多すぎて危険です。幼稚園と保育園の機能の違いは長年培われた中でできあがったものので、安易に一元化をやると現場が混乱します。とくに第四類（地方裁量型）は、幼児を預かる場所を増やせばいいという、主に女性の就労増加を目標とした増税対策に利用されていて、すでに質の面から市が認可しなかった保育園が県に認定されるようなことが起こっています」と話していると、隣に座っていた園長先生が身を乗り出すように「そうですよね」とおっしゃったのです。

先生は、去年から認定こども園の幼稚園型を始められたそうです。同時に市から学童保育も依頼され、小学生を六〇人引き受けておられるのです。

見学させてください、とお願いし、ぜひ、というお言葉に、私は三日後に見に行きました。〇、一、二歳児を保育園として受け、三歳児からは長年やっておられた幼稚園に預かり保育を強化し対応するという仕組みでした。立地的には園庭も広くとてもいい環境の園でした。「学童保育は施設費が出ないですからね、でも誰かがやらなければ」と言われる園長先生の前で、小学一年生から六年生までの子どもたちが、園児用の小さな椅子に座っておやつを食べていました。雨が降っていたので、先生自慢の運動場が使えず混雑した感じでしたが、子どもたちは楽しそうでした。格差の激しい学童保育の中では、恵まれた環境と園長先生の優しいまなざしが印象的でした。

園長先生が呼んでくださった隣接の公立中学の教頭先生と二人で、「〇歳から始まっている子育ては、幼稚園・保育園、そして学校が連携し、親御さんと心を一つにしてはじめて成り立ちます。まず早いうちに、親御さんに感謝の気持ちを持ってもらうことが基本です」というような話をしました。

園長先生が、「保育園を始めて、驚きました」と言います。

「いまここで働いている主任さんから聞いた話ですが、ある保育園では〇歳児が十五人いると、十五のベビーベッドを置いて、乳児が寝たきりだと言うのです。そんなことでは絶対にいけないんです、と主任さんから聞いたのです」

「そうなんです。そういう園もあるのです。いまのままの補助金で、いい保育をつづけてゆくのは大変です。よほど園長先生が意識をしっかり持って保育士を育てないと、保育の質が心配です。ベッドの中でばかり過ごした赤ん坊は、一歳になってもベッドへ戻ろうとします。巣へ戻ろうとします。一歳から引きこもりです。これは怖いですよ」

〇歳児の存在には意味があります。言葉のない、大切なコミュニケーションを親や人間に教えてくれるのに、寝たきりではその大切な役割を果たすことができません。十五人乳児がいれば、そのうち眠っているのは四、五人です。ベッドは五つもあればいい。乳児はミルクをやってただ育てばいい、と考えては、乳児に育てられるべき親心が育たない。園長先生が、そういう保育が当たり前と考えると、そこで働く保育士の心も死んでしまいます。〇歳児を泣きやませようと努力することで、思いやりや優しさ、人間の想像力や、魂の次元のコミュニケーションが育っていくのですから、とお話ししました。

教頭先生が、耳を傾けています。

「その主任さんに会わせてくださいませんか」とお願いしました。呼ばれてきた主任さんは四〇歳くらいで、幼稚園の先生をしてきた方でした。あたたかいお母さんという感じのこの人は、保育が天職だ、とすぐに思える方でした。最近使われなくなった「保母さん」という言葉がとても似合う人でした。

私は、尋ねました。「学生時代、何園に実習に行きましたか？」

「二〇年前になりますが、六園行きました」

「そのうち何園で保育士による園児の虐待を見ましたか？」

園長先生と教頭先生が驚いて私を見ました。

しばらく黙っていた主任さんの目に涙があふれました。私を見つめ、はっきりと言いました。「六園です……」

沈黙が流れました。

「二〇年間、誰にも言いませんでした」。保母さんは私の目を見つづけます。「あの実習で、私は保育士になるのをやめたんです。本当は保育園で働きたかったんです。私は保育園の先生になりたかったんです。でも、免状を取り直して幼稚園の先生になったんです」

二〇年間、苦しかったろうな、と思いました。

このしっかり者の母性豊かなやさしい心の主任さんは、長い間ずーっと、どこかであの風景が毎日行われていることを知っていたのです。

「実習のレポートに少し書いたんです。園長先生から、こういうことは書かないでほしい、と言われて、消したんです」

教頭先生と園長先生を振り返って、私は言いました。「私たちは、いま地球からの声を聞いているんです。これがいま起こっていることなんです」

主任さんの声は幼児の叫びでもありました。それを知らなかった親の悲しみでもありました。

「あのとき、私は、自分の子どもは絶対に保育園には預けない、と決めたんです」。保母さんの目の中で何かが燃えました。

いま、子どもの幸せを願い親身な保育をしているたくさんの保育士や園長先生に、私はお願いします。この会話を書くのを許してください。選択権を持たない幼児の悲しみと苦しみを考え、この会話をいま書いておく必要があるのです。

二〇年間、私の同志は保育者と園長先生でした。この話題になると同志の顔が暗くなるのを私は知っています。私が質問した大学や専門学校の保育科の学生の半数が、実習先の現場で「親に見せられない光景」を目にする。これは、保育園に通う日本の子どもたちの半数が、そういう光景を目にする、ということでもあります。子どもたちに与える心理的影響を考えると、恐ろしくなります。幼児期に、脳裏に大人に対する不信が植えつけられる可能性は十分にあるのです。卒業生からの伝達で「あの園に実習に行くと、保育士になる気がしなくなるよ」という園があります（同様の話を介護施設に実習に行った福祉科の学生からも聞きます）。「ほかの実習生が、一週間の実習で同じことを始めるんです」と涙ぐむ学生もいました。「卒業すれば資格がもらえるんではだめです。国家試験にしてください」、そう訴える学生がいました。私はそれを幼児からのメッセージとして受け止めました。

人類の歴史という視点から見れば、〇、一、二歳の乳幼児を、親が知らない人に違和感なく預けられるようになったとき、人間は大切な一線を越えてしまったのかもしれない、と時々不安になります。絆の始まりは、親が絶対的弱者である自分の子どもを命がけで守ることだったのではないのか……。

「親に見せられない光景」を園からなくすためにも、一日保育士体験を早く進めなければなりません。

保育の現場に親身さがなくなって、保育＝子育てという図式が、保育＝仕事という方向へ動き始め、大学や専門学校の保育科を志望する学生が減っています。待機児童をなくせ、というかけ声のもと、政府が積極的に保育科を増やそうとしていた矢先、幼稚園・保育園に通っていたころ、保育園の先生になりたいと夢や憧れを抱いていた子どもたちが、その夢を捨て始めているのです。

守らなければいけない保育の質

短大の保育科で八年間教えたことがあります。保育科にくる学生は選ばれた人たちでした。お金持ちになりたいという人はまずいません。高校時代に人生を見つめ、子どもたちと過ごす日々の中に、自分を幸せにしてくれる何かがあるに違いないと考えた人です。親心の幸福論に直感的に気づいた人です。その選ばれた人たちが、幸せになる夢を捨て始めています。

保育科の乱立から、教える内容と教師の質が落ちています。保育科が専門学校化してくると、就職先のニーズに応えようとします。そしてそのニーズがばらばらなのです。

保育士の資質は、子どもの幸せをいかに強く願うか。そして、保育士は経験から、子どもたちの幸せは親子関係にある、と知っています。この二点が保育の柱です。

いま、本気でそう思って保育をしていると、親に見捨てられ、保育士にいじめられる無力な子どもたちを見て、人間として苦しくなる。子どもたちの扱いについて園長や主任に直訴し、にらまれて三年間口をきいてもらえなかった、といった体験をする保育士もいます。保育資格はなくても、人の心を持っているパートの人が、真心を捨ててしまった園長や主任に出会って苦しむ。保育園で、善意の人間が悲しくなる、つらくなる状況があちこちで起きています。子どもの悲しみを見過ごす園長や主任が少しずつ増えているのです。

システムによって、保育（子育て）が仕事（労働）になったときに、人は自分の人間性や良心を捨てざるをえない状況に追い込まれたのです。

大学が学問ではなく保育の心を真剣に学生に教えたら、現場へ行ってからここに書いた主任さんのような葛藤と諦め、自分の良心と職場の環境との間に摩擦が起こる可能性があるのです。そうなると大学も保育園も生き残りをかけて人間性を失い始める。

人間の良心と競争原理が作ったシステムとの摩擦です。

最近、ある園長先生から聞いた話です。短大や専門学校の保育科に行って、いい保育士になりそうな学生を紹介してください、とお願いしたら、ご自分で選んで現場に合うようにしてください、と言われた、こんなことは昔はなかった、と言うのです。保育とはこういうもの、という哲学や心を大学が教えていないのではないか、ただ技術を教え、一番大切な心構えを教えていないのではないか、それを教えると現場で嫌がられるのではないか、とおっしゃっていました。

保育科で教える教授の中に、保育を体験したことのある先生がほとんどいない、ということは以前から指摘されていました。保育の方法もいろいろですから、現場で鍛えるというやり方はある意味自然なことでした。しかし、人柄のいい学生、しっかりした心構えの学生を保育園に推薦する、ということはあったのです。保育の質は保育士の人間性にかかっていましたから。しかし、いま、市場原理に巻き込まれ、保育を囲む環境が悪くなり保育の質が落ちています。保育が天職の女性が、就職先のニーズとぶつかり始めているのです。保育界のサービス産業化が、資格を与える大学をも巻き込み始めている。国全体が経済競争の原理に呑み込まれようとしています。

そんな流れの中で、一歳児なら六人を一人の保育士が毎日八時間育てるには限界がきています。見ているだけならできるかもしれませんが、親身になるには限界がきています。「親身」は親の身と書きます。どこかにいるはずの本当の親と、見えない次元で心が重なることから生まれる心持ちです。

いま私たちがこの国の未来を憂い、気づかなければならないことは、この瞬間、どこかで毎日、子どもたちは親の目の届かない経済論の作った環境の中で育っているということです。

ある園長先生がこんなエピソードを話してくれました。

子どもが中学生になってから保育資格をとった、年輩の保育士を採用したときのこと。その保育士が園児を乱暴に扱うのが気になって、うちの園では絶対に子どもを怒鳴ってはいけない、急がせるときでも、腕をひっぱったり押したりしないでください、と注意したそうです。すると、その保育士があとで園長室にきて、こう謝ったと言います。

「すみませんでした。私は、自分の子どもを育てたようにやればいい、と思っていたのです」

このあたりが、保育という仕事の危うい̇ところです。自分の子どもを扱うように、やり方も、心も、常にそうであれば、ひょっとすると問題はないのかもしれない。しかし、園児は自分の子どもではない。しかも、卒園してゆきます。一生見ることはできません。保育士が愛情を持って保育をしてくれることを願いつつ、学校がそうである程度に、保育で子どもを扱う最低基準を徹底させないと、学校教育がもたないどころではない、はるか先の国の未来を傷つけることになりかねません。

自分の子どもを乱暴に育てる親は過去にもいましたが、選択肢のない一生継続する親子関係のもとに行われる粗雑な扱いと、継続性のない絆のもとに行われる「親に見せられない行為」とは、あきらかに異なります。他人によって行われる虐待は、子どもの心に社会不信の種をまき、将来、子どもが「社会」を拒否する結果にもなりかねない。

私が一番問題視するのは、こうした行いが「親の目の届かないところで行われる」という社会構造です。**親が知らないところで子どもたちが育っている。**実は、これを許したところに先進国社会の最大の問題点があります。システムを作った大人の責任として、早急にこの仕組みの質を整えなければいけません。

老人介護の分野でも介護福祉士を目指す学生が減っています。いくらベッド数を増やしても、介護する人がいなければどうにもなりません。人がいたとしても、心がこもっていなければ過ごす時間に価値がありません。人間社会から親身さを消してゆく「福祉」の恐ろしさに日本も直面しています。

現在の不況の大波の中で、保育士や介護福祉士が、賃金は安くとも常に需要がある職種ということで見直されるときがくるかもしれません。しかし本来、経済競争の論理で選択されるべき職種ではないのです。幼児と老人が「親身さ」に包まれ幸せそうでないと、人間社会は安心できないのです。

という文章を書いていたら、医者をやっている友人から電話がかかってきました。新聞を見たか、というのです。二面の見出しに「失業者　保育所で雇用」とあります。

「厚生労働省は省内にプロジェクトチームを設置し、医療や介護分野などでの人手不足解消を図ると同時に、雇用情勢の改善に寄与する施策の検討を進めている」

合理的な考え方のように見えますが、大人の都合で動いている。しかも、いま親身になって保育をしている保育士の心情を理解していない。

「失業者、学校で雇用」とは誰も言わないでしょう。保育を子守りくらいにしか考えていないのです。たぶん、旧労働省側の思考でしょう。景気がよくなったら離れてゆく人たちの一時しのぎ、そんな扱いで子育てをしていいはずはない。こんなふうに子どもを扱っていたら、その子どもたちは、いつか親が年老いても面倒を見なくなる。将来、介護職員を高給を払っていくら増強しても足りなくなるでしょう。待機児童をなくそうとすれば待機児童が増える、という保育士が当然予想していた結果を見ればわかるはずです。経済論の中に、人間の心の動きが組み込まれていないのです。

親心が自然に育つとき

園長先生たちが思い思いのやり方で、日本を救おうとしています。道祖神たちが役割を果たそうとしています。普段は動かない道祖神が動くと、親たちが従います。私はいまの日本を救えるのは、この人たちだと思っています。

親がまだ親として初心者のうちに幼児としっかり出会わせ、人生に感動することが一番自然で効き目のある方法だと思います。親が自分の心の動きに感動する。自分が生まれながらにいい人間だということに気づく。それがごく自然な流れなのです。

ある幼稚園で、創立三〇年の記念講演をしたときのことです。

講演の一週間前に、園の歴史をまとめた一冊の記念誌が送られてきました。『育ちあい』といううえんじ色の立派な本でした。

その園では、お母さん方に毎年、子どもが描いた絵を一枚選んで、その絵を元に刺しゅう絵を作らせているのです。どの絵にするかは園長先生が選びます。子どもの絵をていねいにトレースし、それを布に写し、そっくりそのまま刺しゅう絵に刺してゆくのです。

園長先生は言います。

「子どもがどこからクレコンをスタートさせたかを読みとり、その動きを追いながら一針一針進めます。そして一カ月をかけて完成したら、子どもたちが描いた原画と並べて園の壁に張って、家族そろって鑑賞しあいます。祖父母のみなさんにも大勢見てもらいます……」

子どもが十分ほどで描いた絵でしょう。普通だったら幼稚園から持って帰ってきた絵を、親はちょっと眺めて、ああ上手だね、と誉めてやって終わってしまったことでしょう。額に入れて飾っておく親もいるかもしれませんが、それはまれです。その一枚の絵を母親が何日もかけて同じ大きさの刺しゅう絵に仕上げてゆくのです。

記念誌には、子どもの絵と母親の刺しゅうが対になって並べられたカラーページがあって、それはみごとでした。クレヨンのかすれているところまで糸でていねいに刺してあります。

その絵の下に、母親の感想が載っていました。私はそれを読んで、園長先生の親心を育てる極意に感心しました。人間が感動し、自らを育ててゆく、しかも喜び、幸せを感じながらいい人になってゆく風景がありました。

・「やった！　やった！　ああよくやった」、十三日午前一時三〇分、一人で声をだしてしまいました。この四、五日、深夜に集中できました。子どものために、こんなに一所懸命になれることって何回あるでしょうか。さあ、今夜はゆっくり……。

・鳥の後ろ足の部分は主人が刺してくれました。刺し終えたときは、主人と二人で思わず「できたね」と声をかけあいました。いい思い出になると思います。

・できました！　三枚目です。もう最高です。産みの苦しみも赤ちゃんの顔を見たとたん忘れてしまう、今、そんな気持ちです。息子は左利き、私は右利き、同じような線にならず何回もほどきました。もうこの子のために、こんなに長い時間針を持つことはないだろう……、そう思いながら刺しました。

・「お母さん、まだ、こんなところなの？　ボクなんて、サッサと描いたんだよ」と息子が横目でチラリ。私だってどんなにサッサとやりたいか……。目を閉じると絵の線が、はっきり浮かんで夢にまでてくるのです。やっと終わった！　という喜びと、もうこれで最後なのだという寂しさと……。このすばらしい刺しゅうを持っている子どもたちは幸せだと思います。

・この一カ月睡眠時間を削り、家族には家事の手抜きに目をつぶってもらい本当に大変でした。でも苦労した分だけ満足感も大きく、主人から「ご苦労さま！」と声をかけられ、子どもからの「ママとても上手だよ。そっくり！」のひとことでやってよかったと思いました。

・先輩のお母さまが相談にのってくださり、前年度の作品を参考にと貸してくださいました。「私だって初めのときは、同じように先輩にしていただいたから」のことばに胸が熱くなる思いでした。くじけそうになったときに応援してくれた主人と子どもたちにも感謝の気持ちでいっぱいです。

・一針一針刺していると小さな針先から子どもの気持ちが伝わってくるのです。こんな素敵な、あたたかい気持ちと出会えた刺しゅうに感謝します。

・できあがりました。目の疲労を感じながらも心は軽やかです。刺しゅうをしていくうちに、だんだんとこの絵が好きになっていくのです。とても不思議なことでした。いとおしいとまで思うようになりました。

・すてきな絵を描いてくれた娘に……。家事を協力してくれた主人に……。アドバイスや励ましをくれた友だちに……。何よりこの機会を与えてくれたあゆみ幼稚園に心から感謝を込めて。

親心が育ってゆく瞬間です。人が持っている当たり前の人間性が、幼児によって引き出される時間です。しかもそのとき、子どもはたぶん眠ってしまっていて、そこにいないのです。「思うこと」の中で、人間は自分の本来の姿に気づいていくのです。

人間社会を家庭崩壊の流れから救う鍵が、この刺しゅう絵にある。

母親たちを動かすのは園長先生の人柄でしょうか。母親たちの本能でしょうか。

園長先生に尋ねました。「強制的に、全員にやらせるのは大変でしょうね」

すると園長先生は「いえ、強制じゃないんですよ。やりたい人だけなんです。でもこれまでずっと一〇〇％志願なんです。それが嬉しいです」

私はハッとしました。そうだ。まだ日本の母親はすごいんだ。園長先生が道祖神でいられるのも、幸せになりたい母親の子どもたちを眺める視線があるからだ。

「もう三〇年もやっているんですが、最近になってお母さんの間に、刺しゅうのやり方を伝えるノートが代々受け継がれていることを知ったんです。先輩のお母さんが、詳しく、少しずつ書き加えていったんでしょうね。このクレパスの赤い色を出すには、何々社製の何番の糸がいいとか、かすれている部分を表現するテクニックとかいろいろあって、そのノートが伝承されていくんです。子育ても伝承ですから、先輩から次の世代のお母さんへ、受け継がれてゆく大切なもの、気持ちがその中にあるような気がして嬉しかったです」

わが子の絵を刺しゅう絵にする。一見意味のないように思える妻の努力を見つめる夫。自分の描いた絵が時間をかけて少しずつとても立派なものになってゆくのを、わくわくしながら眺める子ども。一枚の刺しゅうを囲んだ家族の心の動き。

将来、この一枚の布を見るたびに、母親の心に一カ月の凝縮された過去の時間がよみがえるのでしょう。

こんな課題を母親に与えてくれる園長先生がいた。

これは理論ではない、と思いました。

子育ての「負担」を軽くして、労働力を確保しようと、預かり保育やエンゼルプランを園に勧める役人や政治家に、こうした大自然の摂理は理解できない。幸福感の次元、宇宙の見方、魂に対する理解度が違う。

園長先生が幼児を見つめながら、心眼を磨いて真理を見ている。母親たちに「親」という形を舞わせ、その様式美に夫と子どもが嬉しがっている。道祖神のいる風景の中で、母親はちゃんと自身の善性に気づいてゆくのです。日本の文化の神髄がここにあるのでしょう。理屈ではなく、形なのです。

人生は出会いだと言います。こういう**道祖神に出会えた親たちの幸運。**子どもたちの幸運。私の幸運。

さっそく次の日、鹿児島でこの話を園長先生たちにしました。

「すごい！」

「鳥肌が立つわ」

「私もがんばらなきゃ！」

親子の、時空を超える体験の欠如が、人間社会の祈りの欠如につながっていきます。過去、現在、未来という時空を考える機会が、私たち人間には与えられています。親になる前の自分を過去とし、人間を創造する体験をし、子育てという現在を、子どもを眺めながら生きることで、未来を意識し想像し、創造するのです。時空がこの「子育て」から生まれる祈りで結ばれたときに、人間は人間として進化する。

いま、祈りが大切な体験であることが忘れられています。

過去という妄想から未来を創造する過程で人間は苦しみや希望を抱きますが、幼児という妄想を抱かない人たちに最終目標とすべき姿を見ていないと、自身の幸福もままならなくなってきます。

そっと育てる

美術館に勤めている友人から聞いた話です。美術館の売店には絵本が置いてありました。ある日、親子連れがお店にきて、子どもが絵本を見始めました。絵本の扱い方がちょっと乱暴なので、母親に「それは売りものなんですけど」と言ったのだそうです。すると、母親は子どもを「触っちゃだめ！」と叱りました。友人は、「触ってもいいんです。そっと触ってほしいんです」と言いました。母親は、「だめって言ってるでしょ！」と繰り返したそうです。

やっていいか悪いか、白か黒かを教えるのが子育てではありません。「そっと」の意味を教えることは、いつかその本を買うかもしれない人がいる、親子がいる、そうしたまだ会っていない人の気持ちを想像して思いやる、心と心の関係が実際に存在することを教える、とても大切なことなのです。こういう次元を、次の世代に教えることができてはじめて親が一人前の人間として成長してゆくのです。その次元の人間関係を教える機会が減っている。親が親らしさを失い、学校や幼稚園・保育園に子育てを依存するようになると、会っていない人、これからも一生会わない人の気持ちを思いやることができなくなってくるのです。

「そっと」。これは音でしょう。日本人は音のないものに音をつけるのが上手です。どんどん、キョロキョロ、ひくひく、チョロチョロ、びくびく、やれやれ。「どっこいしょ」などはもう音楽の領域です。

ものごとの神髄を音楽で理解するのが日本人の個性でした。感じあうのが好きでした。暗黙の了解で生きてきた人たちです。了解する領域が芸術的で、神秘的でした。

「そっと、子どもを育てる」なんて、いいでしょう?

私が月に二回行っている教育委員会で、「そっと教育、埼玉県」という標語を承認してくれないでしょうか。学者からは文句が出るでしょうね。「そんなのはよくわからない」と。私にしてみれば「個性を大切にする教育」の方が、よほどいい加減に思えるのですが……。個性の半分は短所ですから。

「そっと育てる、埼玉県……」。音楽や美術、国語の先生は賛成してくれそうです。こういう**詩的なニュアンスを阿吽の呼吸で理解しあう日本人**。この個性を教えることが、日本の文化を取り戻す教育活動でしょう。でも、これに対抗して隣から「がんがん育てる、東京都」なんて標語が発表されたら元の木阿弥でしょうか。

待つ園長先生と待たない園長先生の話

公立保育園の民営化が進んでいます。公立保育園は公務員である職員が高齢化してお金がかかります。民営化すれば、お金をかけずに、しかも競争原理が保育の質を保つ、というのです。公立保育園の補助が一般財源化され、この動きに拍車がかかりました。しかし、いまある現実は、行政が「預かれ、預かれ」と言って、現場が「水増し保育」をして対応せざるをえないという状況です。

公立の保育園を一つ頼まれて引き受けた園長先生の話です。仮にK園長としましょう。

幼稚園や保育園は、園長先生の人柄と意識でずいぶん雰囲気が変わります。親の雰囲気も、子どもたちや保育士の雰囲気も変わります。この「雰囲気」が子どもの日常で大切なのですが、これが保育園によってかなり違うのです。保育園は人間が心をこめて日々を創造する場所ですからそれでいいのですが、公立の場合、園長先生が四、五年で異動します。一つの園に道祖神や地べたの番人が根づくことがむずかしい。その結果、親の要望が園の雰囲気を作ることがあります。

K園長先生は、もと私立保育園の主任さんでした。子どもは子どもらしく、遊びを中心に園で楽しい時間を過ごさせたい、という保育観を持っていました。ところが、先生が引き受けた公立保育園が民営化されるとき、親たちが役場と掛けあって、保育のやり方を変えない、という同意書をとりつけていたのです。公立のときに入園した子どもが卒園するまでやり方を変えてはならない、それが権利だ、というわけです。役場は、とにかく公務員を減らし民営化を進めなければなりません。予算と議会決定のことで頭がいっぱい。園は子どもが育つところ、親心が育つところ、などという考え方は、彼らにしてみればおとぎ話のように思えます。親の要求を丸呑みしてしまいました。

一人の園長が主のように存在する私立の園とは違い、公立の場合はどうしても親の主張が強くなります。保育園が仕組みとして扱われ、保育士が保育を「仕事」と割り切る傾向があるからです。そして、役所は「親のニーズに応えてください」と園長先生に言いつづけてきたのです。厚労省も「福祉はサービス、親のニーズに応えましょう」と言ってきたのですから、役所を責めるわけにもいきません。親も保育園を子育ての「道具」くらいにしか考えていないようです。親と保育士という一緒に子育てをする人が、「役場の窓口経由」で話しあうなんて、そうとう馬鹿げた状況です、文化人類学的に考えれば。

「親のニーズに応えたら、親が親でなくなってしまう」という叫びを現場の園長から聞いたのがもう二五年も前のことですから、この役場と現場の意識の差がいまの日本の混乱した状況をつくっていると言っても過言ではないでしょう。親のニーズを優先するか、子どものニーズを優先するか、という視点の違いです。これは、人類の進化の方向を決定づける選択肢です。親の要望とニーズの第一が、この園の場合「しつけ」だったのです。大人の言うことをよく聞く「いい子」に保育園でしてほしい、と言うのです。こういう子どもを作ることは可能です。子育ての手法、目的としては楽かもしれません。しかし、これを集団でやるには子どもに対する「情」を押さえなければなりません。

K園長はその園にきて、ああ、この子たちは萎縮している、かわいそうだ、と感じました。子どもが子どもらしいことは園長先生の幸せでもありました。同意書があったとしても、楽しそうなのがいい、無邪気なのがいい、という気持ちが勝って、そういう雰囲気を作ったのです。途端に、一部の親から文句が噴出しました。「子どもが言うことを聞かなくなった」と。

子どもが言うことを聞かなくなるには意味があります。子どもたちには、親を育てる、という役割があるのです。

園長はあきれ顔で私に言いました。「あと二年残っているの。二年すればみんな卒園して、それから本当の保育ができるの」

モンスターペアレンツは、紙一重で「いい親」。いや、いい親だからこそモンスターになるわけですが、もしこのとき、親たちが、もう少し時間をかけてK園長先生の真心に耳を傾けるだけの心の余裕があったら。目を見つめ、親身さを感じることができたら、視点を変え、きっと親子ともに違った人生を送ることになったのです。役所の受付の人が一言、「こんどの園長先生はすばらしい方ですよ」と笑顔で親たちに言ったなら、ひょっとすると、それだけで何かが変わっていたかもしれない。

保育士がどんなにしつけても、しょせん五歳までの関係です。継続性がないのです。しつけを支える「心」は、子どもの幸せを願う心、子どもの発達をみつめながら自らも育っていく、育ちあいの継続性を持っていることが大切なのです。親が子どもをしかるとき、たとえ子どもが成人していても、親の記憶の中には三歳のときのその子が存在します。それが親子関係の意味です。

一見「いい子」が小学五、六年生で突然おかしくなったりする原因の一つが、このあたりにあります。**保育園と親たちの心が一つになっていない。大人の心が一緒に子どもたちを見つめていない。**子どもたちが安定した幼児期を送っていない。親が子育てやしつけを保育園に頼りすぎると、子どもたちが言うことを聞かなくなるときがくる。親を育てる役割を果たせていないからです。そのときにはやり直しはきかない。人生の修行のやり方はいろいろですから、いつか親が真剣に子どもと向きあえば手遅れということはないのですが、お互いにつらいことになります。親がその子が幼児だったときのことをなかなか思い出さないからです。

私はK園長の思い、そして人柄を知っているだけに、この人の真意を見抜けない親は、いったい何に駆り立てられているのだろう、何を急いでいたのだろう、と考えずにはいられません。「自由に、のびのびと、個性豊かに」なんていう教育が、こんな親を増やしたような気はします。

いい園長先生の「心」を、立ち止まってしっかり見てください。子どもが幼稚園や保育園で楽しそうにしていたら、それを当たり前と思わないで、先生に感謝してください。

ある日、知人のお医者さんが悲しそうに言いました。患者が感謝してくれないんだ、と。ひどいときは、疑わしそうな目でみられたり、ほかの病院に行ってもいいんですよ、という表情をするのだそうです。いいことをしようと思って医者になった知人には、それが一番つらいことのようでした。

病院があって、そこにお医者さんがいて、一一九番を回せば救急車がくる。それだけでも感謝することはできるのに、もう誰も感謝しなくなった。このままいくと、いつか日本もアメリカのように、お金か保険がないと医者に診てもらえない社会になるかもしれません。目の前に救える人がいるのに、お金がなければ救わなくなったとき、人間は進化するための人間性を放棄するのでしょう。

マイケル・ムーア監督のドキュメンタリー映画「シッコ」をご覧になってみてください。保険に入っていないからと、病院が患者を捨てる映像が映し出されます。いま先進国と呼ばれるアメリカの現実です。人類がシステムを作って人間性を失ってゆく実態です。背後にあるのは経済論です。

幼稚園を二つやっていた園長先生が、役場に頼まれて保育園を一つ引き受けました。県議会議員もやっているので、行政の方針には協力しようと思ったのです。引き受けた保育園は、まったく行事をしない、親の言いなりになってきた保育園でした。四時間のパートでつないできた保育園です。園長先生は、そういう保育に慣れて気の抜けた半数の保育士を入れ替え、潮干狩りの親子バス遠足をやることにしました。ほとんどの親が反対です。行事なんてやったことがないのです。結束してボイコットしようとしました。最近の寂しい親たちはこういう馬鹿げたことで団結するのです。子どものためではなく、自分の権利(利権?)のために結束するのです。自分たちの保育園が、新しい園長先生の保育園になってゆくのが嫌なのです。許せないのです。

「なんでバスで行かなければならないのか、自家用車で行きたい」と言う親がいました。

園長先生は「だめです。みんなでバスで行くのです」

「じゃあ、行きません」

もう、子どもの遠足なのか親の遠足なのか本末転倒、むちゃくちゃです。

参加者が半分に満たなかったために、最初の年、園長先生はバス代をずいぶん損したそうです。でも、そんなことではめげません。親たちに宣言します。

「私は絶対に変わらない。それだけは言っておきます。あなたたちが変わるしかない」

わずか三年で、親子遠足全員参加の保育園になりました。親も楽しそうな、子どものための保育園になりました。

チンパンジーとバナナ

私の好きな人類学者にジェーン・グドールという人がいます。五〇年以上も、アフリカのタンザニアにあるゴンベ国立公園でチンパンジーの研究をしている人です。初めてレクチャーを聞いたのが三〇年前、カリフォルニア州立大学ロサンゼルス校（UCLA）での特別講演でした。そのときのテーマが、チンパンジーのカニバリズム（共食い）。

ジェーンは、チンパンジーがシロアリを釣り上げる道具を使うことを発表し、道具を使う動物は人間だけと言われていた定説をくつがえした人でした。アフリカで野生のチンパンジーの群れと過ごし観察した研究成果は、研究所主体だった学会に大きな影響を及ぼしました。彼女が第二のセンセーションを学会にもたらしたのがカニバリズムの研究でした。仲間同士の殺しあい、群れの中で起こる子殺しを含む非常に残酷な仕打ちが、映像とともに発表されました。それは人間たちに恐怖心を起こさせるほど、人間的な情景でした。チンパンジーの遺伝子は動物の中で一番人間に近いと言われています。

最近になって、このしばしば残酷で時には共食いさえするチンパンジーが、ジェーンの研究している群れに限られることがわかってきました。皆無ではありませんが、ほかの群れでは仲間内のこうした残虐な行為がほとんど行われないのです。

ジェーンの群れとほかの群れの違いは、ジェーンの群れが五〇年間餌づけをされていたことでした。野生の群れに近づくため、ジェーンは当初から群れにバナナを与えていたのです。それも、なるべく一匹一匹に「平等に」行き渡るように工夫をしたのです。いまでこそ、野生動物は本来の生態を損なわないように観察することが常識になっていますが、当時、草創期のフィールドワークでは、そこまでルールが確立されていませんでした。

この報告を真摯に受け入れたジェーンがインタビューで、「いま私が持っている知識があれば、絶対に餌づけはしなかった」と、悲しそうに答えていたのが印象的です。

このバナナに当たるものが、私たち人間にとって何なのか。

チンパンジーの残虐さは、序列を取り戻そうという行為の一つでしょう。序列によって保たれていた秩序が、バナナが平等に与えられたことによって崩れ、生きてゆくための遺伝子の何かがはたらいて、殺しあいやカニバリズムにまで群れを駆り立てたのだと思います。しかも、集団として駆り立てたのです。

進化の過程で、ジェンダー、雌雄の差を手に入れたとき、私たちは、「死」を手に入れました。それまでは、細胞分裂で進化し、つぶされでもしないかぎり生は永遠につづいていたのです。「死」を受け入れた代償に、私たちは次世代に場所を譲る幸福感を得たのかもしれません。しかしいま、豊かさの中で、人間は死を受け入れることが下手になっています。パワーゲームの幸福感を追い、執着し、死から意図的に逃げようとしている。「一度しかない人生」という言葉がその象徴です。

性的役割分担が希薄になったときに、人間は家族という意識を少しずつ失います。いい悪いの議論はとりあえず置いておくとして、これが現在、先進国社会で起こっている一つの流れです。男性的なパワーゲームの幸福論が、母性的な幸福論に勝り始めている。それが、結果的に女性と子どもに厳しい現実を生み、男性には寂しい現実を生んでいます。

そうした中で、何十万年も積み上げてきた遺伝子が、豊かさに耐えられなくなって、眠っていた遺伝子を起こし始める。同性愛者が増えるのは、人間の進化の中で一つの防御作用でしょうか。しかし、ジェンダー以前、つまり単細胞に戻るには滅亡しかない。

男らしさ女らしさがあってこそ、「親らしさ」が存在します。親になることは、男らしさ女らしさの結果です。そして、**子どもを産み、男らしさ女らしさが適度に中和され、自然界の落としどころ「親らしさ」に移行するために必要なのが、「子育て」なのだと思います。**しかし、パワーゲームに組み込まれた子育ての社会化が、親らしさという視点で心を一つにするという古代の幸福感を揺るがしているのです。

親らしさが弱まると、当然、男らしさ女らしさが台頭します。ジェーンの群れのチンパンジーが残虐になった理由の一つは、自分の子孫を残したいという雄の本能でしょう。雌の発情を促すために、その雌の子を殺すわけです。

死への恐怖からくる「命を大切に」という言葉と、死への理解からくる「命を大切に」という言葉は意味が異なります。死への恐怖は競争社会を生みます。死への理解は人間を謙虚にするのです。

人間の営む現代社会においてバナナにあたるものは何か。九八%遺伝子が同じとはいえ、人間とチンパンジーではできがちがいます。単純ではないと思いますが、思いつくままに、バナナかもしれない言葉を並べれば、自由、平等、学校、教育、人権……。言葉。文字？　資本主義？　共産主義？　民主主義？　宗教？　水道？　ファミリーレストラン？　インターネット？

これらを否定しているのではないのです。バナナを手に入れたあと、殺しあいにならない方法を考えればいいのです。しかし、まずバナナが存在することを意識し、気をつけることです。

ゾウがサイを殺すとき

チンパンジーとバナナの関係によく似ているドキュメンタリーをＮＨＫのテレビで見ました。アフリカのゾウが突然サイを殺し始めた、というのです。殺して食べるわけではありません。ただ、殺すのです。

ゾウがサイを殺しても、警察や裁判で止めることはできません。言葉が通じません。ゾウに質問することもできませんし、カウンセリングをしたり、道徳を教えることもできません。人間は懸命にその理由を考えます。環境の異変がゾウの遺伝子情報と摩擦を起こしているのではないか。そして、サイを殺し始めたゾウが人間によって移住させられた若いゾウばかりであることに気づきます。

ゾウのサイ殺しは、巨大なゾウを移送する手段がなかった時代には絶対に起こりえない現象だったのです。麻酔をかけて眠らせることはできても、巨大なトラックがなければゾウは運べなかった。それが可能になり、人間の都合で、その方がいいとなんとなく思って、若いゾウを選んで移送し別の場所に群れをつくらせたのです。そうしたら、ゾウがサイ殺しを始めた。

考えたすえ、試しに年老いた一頭のゾウを移送し、その群れに入れてやったのです。すると若いゾウのサイ殺しがすぐに止まったというのです。

年老いたゾウは、きっと道祖神ゾウに違いない。

ゾウの遺伝子がどれだけ人間と重なっているのかは知りませんが、哺乳類で目も二つ鼻も一つ、共通点はたくさんあります。脊髄があって脳みそもあって、コミュニケーション手段を持っているわけですから、こういう本能と伝承にかかわる動物の行動は参考になるような気がします。言葉が通じないときに、人間は深く考えるのかもしれません。

こんど、埼玉県社会福祉協議会でボランティアコーディネーターに講演します。六〇歳を過ぎた団塊世代のボランティアが何千人も登録しているそうです。この人たちを「子どもと遊ぶボランティア」という名で、幼稚園や保育園に二人ずつ送り込んだら何か変わる。

子育てをあまり経験してこなかった団塊世代の男たちが、幼児と遊んで人間性に目覚めれば、社会の空気が変わるはず。知事は社会福祉協議会の会長だというし、頼んでみよう。これが全県でできれば、確実な経済対策にもなるはず。

「いい親」とは?

簡単なことですが、いい親でいたいと思った瞬間、その人はいい親です。「いい親」とは、いい親になりたいと思う人。その「心持ち」「心のあり方」を言うのです。あなたがいい親になりたい、と思ったら、思いつづければいいのです。

親として迷ったとき、困ったとき、悩んだとき、繰り返し自分に言い聞かせるのです。いい親になりたいと思った瞬間、自分はいい親なんだ、と。

いい親とは、心の状態であって、目標として目指す種類のものではありません。子どもの育ち具合という「結果」で評価されるものでもない。

親がいい親でも、子どもが悪い友だちを作って社会から様ざまな影響を受け、不幸な道を自ら選んだり、罪を犯したりすることはあります。運命でしょうか。それによって、親が「いい親」である事実はゆらぎません。

いい親であることは、「育て方」とは直接関係ありません。いい親は「いい育て方」を知っている人、「この子にあった正しいやり方を知っている人」と思ったら、入口で間違ってしまいます。「いい親」と「育て方」は基本的に無関係で次元の違うことだ、とまず気づいてください。

子育てに正解はありません。こう育てればこう育つ、なんてことがあるなら、人類はとっくにそれを発見しています。自分と自分の親の関係を考えてみてください。あなたは親の「育て方」の結果ではない。親の「心持ち」の影響を受けているだけです。

普通に心配しオロオロし、いい親でいたいと願い、自分で考え、できることをやればいいのです。少なくとも自分で考えることによって、親らしさが育ちます。

実は、この「親が育つこと」の方が、社会という「子育ての土壌」には大切なのです。親らしさとは子育てから逃げないこと、そしてオロオロすること。いつか子育ては幸せにつながっているということを実感できるようになることです。この道を通って多くの人が「祈り」の次元まで到達できれば、人類は大丈夫なのです。

インドの野良犬

インドという国が私の思考の原点にあって、二〇歳のときに一年余り過ごした体験が親心や保育の問題を考えるとき、蘇ってきます。

子どもを預かる「保育」は「子育て」です。他人が国家的な仕組みの中で他人の子どもを育てる、という人類が経験したことのない「新しい子育て」の形です。だからこそインドの風景を思い出し、当たり前のように先進国社会が受け入れている学校や幼稚園・保育園を、人間が何千年もやってきた子育ての風景に照らしあわせます。

去年インドのダリット（不可触民）の女性の地位向上と人権問題で、仕組みと闘う修道女のドキュメンタリー映画を四年がかりで完成させました。「シスター・チャンドラとシャクティの踊り手たち」といいます。

南インドのタミルナード州で、ダリットの少女たちを集め、裁縫や読み書き、権利意識について教えているカソリックの修道女が、彼女たちにダンスを教え、カーストや女性差別反対のための公演をしている。それが素晴らしいという友人の話に引き寄せられ、三〇年ぶりに私は懐かしいインドへ戻って行きました。

インドはやはりインドでした。空気中に漂う先進国が失ってしまった「何か」、言葉では表しにくいのですが、私はその「何か」を感じると、少し落ち着きます。大地や時間との一体感、人間の意識が時空を超えることができるという感触、大きなものに包まれている感じです。ヒンドゥー教の影響でしょうか。インドはとてもバーチャル（仮想）な世界です。仮想現実が人々の生活に生きています。そして人々をつなげています。

インドへ戻った最初の夜、電気を消して眠りに入ろうとすると、窓の外で野良犬が吠えているのが聞こえました。

その瞬間、私はさっき考えていた「何か」を見た気がしました。インドの野良犬は飼い主のいないれっきとした野良犬。痩せて皮膚病や咬み傷のあとがあって、ぶらぶらと人々の日常の隙間で暮らしています。人間の意志とは関係ないところで生きているようです。犬には犬の次元があって、人間の営みの間を縫うような動きです。吠える声から連想したのは、闇の中を動き回る彼らの自由でした。小走りに走る足音。それが、私のいる空間にもう一つ別の次元を加えるのです。思いどおりにならない次元を……。先進国に住んでいると忘れている現実が五感に甦ってくるのは、私がまだ太古の記憶をＤＮＡの中に持っているからでしょうか。

ダリットの少女たちのダンスの美しさ、強さ、潔さに魅了されテープを回し、話を聞き、カースト制がいかに人々を抑圧差別しているかを教わりました。最下層の娘と結婚しようとした男が兄弟に殺されるような事件がいまだに起こります。カースト内の人に出すコップでダリットにお茶を出したお茶屋さんが、焼き討ちにあったりします。

しかし、私が出会ったダンサーたちは美しかった。「ダンスの素晴らしさ」から「カーストの問題」へとテーマがシフトしかけていた私の気持ちは、踊り手たちと親しくなるにつれ、「絆」の方に向いていきました。少女たちの村に招待されてその世界に入って行くことによって、再度「人間の美しさ……」に引き寄せられました。

先進国社会において、大自然の作った秩序と人間の作った秩序が闘っています。本来次元の異なる、住み分けや交流ができるはずのものが闘い始めている。それが伝わる映像を目指しました。

踊り手の一人モルゲスワリの村で、彼女の両親にインタビューしました。自分たちがヒンドゥー教徒であることも、アメリカや日本という国が地球上にあることも知らない二人でした。両親は季節労働者で、モルゲスワリの妹が紡績工場で働く約一八〇〇円の日当が一家の生活を支えていました。

「夢はなんですか?」とインタビューの最後に聞いてみました。

「子どもたちが結婚して家庭を持つこと」とお母さんが答えました。

モルゲスワリと妹に、「あなたたちが結婚することで働き手がいなくなります。ダウリ(持参金)が必要になり、両親が一生かかっても返せない借金を背負うと知っていて、結婚を躊躇しませんか？」と聞いてみました。二人は笑って「しません」と答えました。「それを両親が望んでいるのですから」

親が子どもの幸せを願い、子どもが親の望みをかなえようとする、人間社会の幸福感の基本は、踊り手たちの風景の中で確かに受け継がれていました。女性によって受け継がれていました。そして、映像に映し出されてくる彼女たちの顔は、不幸そうではありませんでした。

シスター・チャンドラは「幸せとは？」という私の質問に、「集まること」と答えました。そして、最後のインタビューで、村人の美しさは「わかちあうことからきている。私はそこに神を見る」と言いました。私は日本でこの二つの言葉を繰り返します。**「集まること」そして「わかちあうこと」**。人間の進むべき道があるのだとしたら、この二つの言葉を幸せのものさしにして進まなければいけない、と思うのです。

一人で撮って初めて編集した「シスター・チャンドラとシャクティの踊り手たち」は、春に第四一回ヒューストン国際映画祭の長編ドキュメンタリー部門で金賞を受賞しました。宗教や制度を越えた普遍的なテーマを、審査員の方々が感じ取ってくれたのだと思います。宗教間の違いを乗り越え理解を深めるという主旨で行われる、イタリアの国際宗教映画祭の招待作品にもなりました。映像でなければ伝わらない風景、顔。音楽でなければ伝わらない次元。祈りの世界には言葉では表せない部分がたくさんあります。出会いと絆を創造するために、この映像があってほしい、と思います。

この映画のＤＶＤを、私が委員をしている埼玉県の教育局の人たちに見てもらいました。すると、いままで私が委員会でしてきた発言に、不思議な実感が伴うらしいのです。インドの野良犬が私に伝える「何か」が、映像や音楽を通して、教育局の人たちにも伝わるのかもしれません。

映像の中にシャクティセンターに向かう村の子どもたちの姿がでてきます。

「ああ、こういう子どもたちに教えることができたら幸せだろうな」と誰にも思わせる学校の原点が子どもたちの表情の中にあります。教えることで先生たちが幸せを感じる、教える側の幸福感を基盤に、本来、伝承は成り立っていくのです。子どもたちが教え手を育てる、それが親子関係の本質ですから。シャクティセンターに向かうあの子たちのように、明るく、潔く、堂々とした表情が、そして草原を並んで歩く風景が、学校に命を吹き込むのです。

シャクティセンターで子どもたちを待つ先生たちはあのダンサーたちです。教職の免状もなければ教え方を教わった娘たちでもありません。それなのに、たった八日間のサマーキャンプから生まれる「美」。家族、村、そしてシャクティセンターを包み込む人間たちの「信頼関係」が、たった八日間のサマーキャンプに、「真の学校」を映し出すのだと思います。

そして、不思議なのは、シャクティセンターのサマーキャンプは、読み書きや人権の真ん中に「踊ること」があるのです。教えることの中心に「和」があるのです。日本の学校も、一日一時間必ずみんなで輪になって踊る。そんな方向に教育改革ができたら、きっと日本は、昔のように絆で結ばれた美しい社会に戻るのだと思います。決して不可能なことではないのです。そういう視点を取り戻せないほどに、感性が鈍ってしまっているだけです。人間がシステムを作っているうちに、いつの間にか、システムが人間を作るようになってしまったのです。

（シャクティのホームページ http://sakthi.luci.jp/）

シャクティの来日

そのシャクティの踊り手たちが日本を走り抜けて行きました。

太古の「気」シャクティを持った娘たちが踊り抜けて行きました。その余韻の中でこれを書いています。

シスター・チャンドラが日本で表彰を受けることになり、シャクティの踊り手たち十人と音楽家三人を伴って来日しました。日本に着いた踊り手たちは、成田からのバスの中、初めて見る東京にことさら驚くふうもなく、いつもどおりの笑顔で大都会を見つめていました。広がる夜景に歓声があがることもありませんでした。黙って、楽しそうに窓の外を見つめていました。どこへ行ってもだいたいそうでした。

欲がないからでしょうか。私たちが「感動」と呼んでいる感覚は、そのほとんどが情報を土台にした「欲」の一部なのかもしれません。

ピラミッドを見たとき、私たちはその歴史的な意味、見ている自分が遠くからきたこと、様ざまな情報が重なりあって、「感動しなさい」と自分をコントロールするのかもしれません。「感動しなければ損です」という意識があって、指図するのかもしれません。欲を持つ習慣がない娘たちには、ピラミッドはただの石かもしれません。それとも、その巨大さに細胞から感動するのでしょうか。グランドキャニオンだったらどうだったろう。私は都会を見つめる娘たちにもっと感動してほしかった。

はにかみながら神社を見学し、太古の目線で雑踏を見つめる娘たちは、なぜかステージで驚くほど輝きました。人は人間であるだけでこれほど美しい、と私に教えてくれます。

そんな中、シャクティの踊り手たちが感動していた瞬間がありました。浦和のはとり**幼稚園で園児たちと手をつないで輪になって踊ったとき**でした。

園児には誰も何も説明しません。カースト制度のこと、差別のこと、彼女たちが踊る意味のこと。説明してもわかりませんから、誰も説明しませんでした。ただ、踊ったのです。自然に輪ができました。幼児と手をつないで一緒に踊りながら、いつもはおとなしく控え目で、あまり感情を表さずに恥ずかしそうに笑っているだけのマハーラクシュミが泣いていました。平等のために踊っていた彼女たちが、初めて平等を感じたのかもしれません。だれも何も説明しないから、そして園児は知識を持たずにただ嬉しそうにしていたから、突き上げてくるもの、込み上げてくるものがあったのだと思います。幼児が人間をつなぐ、人間が安心する絆の存在を教えてくれる。

祭りの意味

私はシャクティの娘たちから人間を学びます。人間の作ったものではなく、宇宙が作った「人間」を学びます。学校もそういうところであってほしい、と思います。

英語がしゃべれないシャクティの踊り手たちと十八日間、ほぼ笑顔だけで会話をしました。慣れてくると、いままで見えなかったものが見えてきます。感性が敏感になってくるのです。私が神社や森を見る目が違ってきます。

シスターがインタビューを受けたとき、何度か通訳をしました。通訳をしながら新しいことを学びました。

ダリットの村では、祭りが重要な役割を果たします。村人が心を一つにするために祭りがあります。心が一つになっていないと暮らしていけない仕組みになっているのでしょう。

シスターが言うには、家同士がもめていると、その年の祭りは中止になるそうなのです。来年に持ち越しです。これにはびっくりしました。

日本で、たとえば川越祭りが何月何日に行われる、と決まっていたら絶対に行われます。ポスターを作って宣伝して、地域経済の活性化のためにも、みんなで準備して必ずお祭りになります。

祭りがインドでは生活の一部になっていて、どれくらい大切なものか知っているだけに、心が一つになっていないから今年はやらない、というダリットの村人の潔さに感心します。こんな村で育ってきたんだ、この娘たちは、と思います。

わかちあうこと、頼りあうこと、信頼関係が生きる力になっている村では、どんな年代の村人でも幼児と接する機会を持っています。幼児と肌を接することが、人間に信じることの大切さ、幸福感を教えます。日本のような社会では、自分の子どもを抱いた経験を持つ人でも、子どもが成長してしまうと、赤ん坊を抱く体験をほとんど持ちません。しかし、二〇代に幼児を抱くことと三〇代、四〇代、五〇代に幼児を抱くことでは、感じ方が違うのです。日本の会社や役場で、年に一日保育士体験が常識になれば、日本人の心がきっと一つになっていくでしょう。

タミル語の通訳がついたとき、記者の質問に紛れて、リーダー格のエスターに一つ質問してみました。インドではほとんどの娘が親の決めた相手と結婚します。私の撮ったドキュメンタリー映画の中にも、結婚の決まった一人の踊り手にインタビューしているところがあって、そのあまりにも親を信じきっている笑顔に胸を打たれるのですが、やはり私はエスターに訊いてみました。

「悪い夫に当たったらどうするの？」

すると、十九歳のエスターは笑って言いました。「いい夫にするの」

十九歳の娘が結婚の一部としてこういう理解をしている。どこで習ったのでしょうか。たぶん生きるためには必要なことなのでしょうね。人間が。人類が。

村は共同体です。競争社会ではないのです。

祖父母心を育てる

埼玉県のある公立小学校で「敬老給食」という行事をやっています。敬老の日近くに、祖父母に学校へきてもらって子どもたちと一緒に給食を食べてもらうのです。これが人気で、断るのが大変です。一人の子どもに通常四人の祖父母がいます。給食は一食分しか準備できません。こういう行事に政府や行政はお金を使うべきなのですが、まだまだ祖父母心を育てることが、どれだけの経済効果を生むかという計算ができていないのでしょう。

以前、日本で「孫」という演歌がヒットしました。アメリカで *My Grandson* という曲は永遠に発売されないでしょうし、されたとしても売れないでしょう。この確信が、私にとって二国間の大きなギャップです。

テレビで「孫」という曲を初めて聞いたとき、字幕を読みながら、私は思わず涙ぐんでしまいました。歌い手の顔を見て、「この人は本気で歌っている」と思いました。この詩を本気で歌って馬鹿にされない国、それどころかヒットしてしまう国、これはもう感動的に美しいと思ったのでした。

人間は死に近づくと、ごく自然に競争をやめます。競争する意欲を失います。宇宙へ還る準備に入るのかもしれません。そのとき、**争うことの反対側にある幸福感に目覚め始めるのかもしれません。**「祖父母的気持ち」は社会に必要な心持ちなのです。むだに歳をとってゆくのではない。競争から引退した「祖父母的気持ち」が「子育て」を囲む。それが自然なのです。祖父母心は人間社会の宝です。

祖父母心もまた幼児によって育まれます。祖父母心を耕している園をたくさん知っています。園児から直筆の招待状が届くと、祖父母心が飛行機に乗って飛んできます。

道祖神は幼児によって作られるもの。昔、一家に一人か二人、道祖神が磨かれていた時代があったのですが、いまは田舎へ行くほど、祖父母がいるのに保育園に子どもを預ける親が多いのです。はじめから母親が祖父母との人間関係を避けている。現代社会がいつの間にか親の頭から、道祖神を磨けば自分も安心する、という自然の理にかなった考え方を消してしまったのです。

道祖神を意識的に作っている学校や幼稚園・保育園はすでにあります。私がいいことを思いつき調べると、どこかの小さな市町村の教育委員会がたいてい始めています。この道祖神効果を経済効果で計ってもらってもいいです。道祖神のいる幸福感と絆が社会から消えたら、警察と裁判所と刑務所にかかる費用で社会は破綻していきます。

子どもが育つ環境

「自由にのびのびと」という言葉は感覚的にはわかります。そうあってほしいという親心も理解できます。しかし、子どもを意識的に自由にのびのび育てれば、将来、離婚が増えることでしょう。結婚は自らすすんで「不自由」になること。子どもを産むことは、結婚にも増して不自由を手に入れること。**結婚や出産で自由を失うことに幸せがなかったら人類はとっくに滅んでいます。**

「不自由」であることと「不幸」を同一視することは、幼児虐待や子育て放棄をすることにつながっていきます。「子育て」は、結婚や出産よりさらに「不自由」になることだからです。その不自由さ、束縛の中に人類の存続に最も必要な幸福感がある。繰り返しますが、人間は不自由になることに幸せを感じてきた、それを「絆」と呼ぶのです。

「自由にのびのびと」という言葉が一般社会に普及すると、社会全体に忍耐力がなくなり、幸福の基盤になってきた結婚と子育てがイライラの源に変わり、幼児虐待と女性虐待が急に増える。そして学校教育が成り立たなくなってくる。ここまでは、欧米社会でほぼ実証済みです。

福沢諭吉が英語のLibertyを訳すときに仏教用語の自由を当てはめたそうですが、Freedomも含めて、日本人が使う「自由」は仏教的な意味よりも西洋的な意味合いが強い。西洋の言葉を翻訳しようとしたことがそもそもの始まりですから。ところが、この西洋的な自由の大もとには、ギリシャの自由人という定義、つまり奴隷を二〇人ほど抱えて労働から解放された人、という考え方があるらしく、経済的、パワーゲーム的要素が強い。社会的特権です。一人が自由になるために二〇人が不自由になる。これでは本来の「自由」が泣きます。仏教的に考えれば意味はその逆、無我の境地にあることが自由なのですから。

そういう意味では、人間は生まれながらに自由です。議論する余地さえありません。

西洋的な自由の概念に縛られ、子育てを損な役割、労働とみなし始めると、宇宙が〇歳児を私たちに与えた意味が見えなくなってきます。自由という言葉を意識することによって、不自由という感覚がよりいっそう深まってしまう。

個性豊かに生きたい、自由に生きたい、と高校生が言う時代です。そして実際にはそう生きられないのが世の中です。自分で選ぶことができない「家族」は「不自由」の象徴です。

人間は「家族＝不自由さ」の中に幸福を見出すように作られています。すべての人が幼児期を体験し、ほぼすべての人が幼児を育てる体験を宇宙から与えられるのには理由があるのです。

「個性豊かに生きたい、自由に生きたい」なんてことを高校生の頭に吹き込んだら、イライラの鉾先が家族に向けられて当然です。「自由」と「家族」（親子）は相反するものです。教育は、本来、欧米的「自由」という概念とは方向性の違う幸せのものさしを教えなければならない。

自己主張・自己表現が奨励されると、子どもたちは理想と現実のギャップに苦しみ、社会への不満、人生への不安をつのらせ、そこから狂ったり、引きこもったりする可能性が高くなります。「不満・不安」は狂気の入口です。「不満・不安」は人が自分自身でつくり出す苦しみです。「感謝・祈り」、こうしたもので中和していかないと、自分が自分であることに耐えられなくなるのです。

いままで、妊娠・出産・授乳という男性にはできない体験をし、男性より具体的な子育てにかかわってきた女性は、生を体験し死を意識し、祈ることを知っていました。それが女性の「個性」でした。

「自由」「個性」「権利」「自立」、現代社会において人間は自分自身から目をそらすことによって、徐々に不確かな言葉に支配されつつあります。この不確かな言葉をシステムによって実現しようとするとき、人間は幼児という「未来」を傷つけ始めます。人類としての自傷行為です。

「不幸」を言葉で指摘する作業が「不幸」を探し求める作業になり、「不幸」を引き寄せる行為になってしまった。教育が普及した社会の宿命といってもいいでしょう。

実体のない言葉に支配されている自分に気づき、こうした言葉を一つひとつ自分の思考から消してゆく。幼児を見つめて消してゆく。それをしないと、幸福を感じる感性は戻ってきません。

いま世間で言われる「自分らしさ」の裏にあるのは、「何がしたいのか」と「何ができるのか」の間の葛藤です。これでは永遠に幸せにはなれません。本来の「自分らしさ」とは、どういう幸せのものさしを選ぶか、何を幸福と感じるかです。

安心感と意欲

いま最も忘れてはならないことは、集団としての幼児の存在がまわりの大人たちにどういう影響を与えるかということ。学校教育システムが「いいもの」として一方的に普及してしまった背景に、この大自然の法則の見落としがあるような気がしてなりません。人間には、進化するための意欲と、安心するための境地の両方が必要です。いま、これだけ引きこもりや不登校が増えているのは、システムによって意欲と安心のバランスが崩れてきている現実に、人間が拒否反応を起こしているからです。意欲を失っている若者の存在は、安心の欠如に対する反作用といっていいでしょう。

幸福論の基盤を「子孫を残し次世代を育てること」に求めないと、進化の過程で人間がシステムを創造するのではなく、システムが人間を支配するようになってしまいます。システムはけっして人間以上でありえない。福祉で信頼関係の肩代わりはできません。

あるテレビの番組で、「生活保護」を受けるのは嫌だ、という母親に、わけ知り顔のタレントが寄ってたかって、「それは当然の権利だ」「納めた税金を返してもらっているんだ」、馬鹿なことを言うなという口ぶりで攻撃するのを見ました。仕組みを分析すれば、確かにそうです。権利という観点からも正しい。しかし、それでどのように社会が崩れていくか、何が失われていくかに気づいていない。

最近保育園でも、子どもを入園させるための偽装離婚が増えています。これもまた、システムが人間を支配し始める一例です。システムがどうあるべきかより、人々が自分の生き方、あり方に対して、どういう意識と感性を持つかが、社会全体のあり方を決めるのです。その母親の、生活保護を受けたくない、という意識の大切さを権利や利権を越えて尊重しないと、人間は生きる力を失ってゆくのです。

保育園の園長先生が言っていました。

「私でさえ、毎日預かっていれば情が移ります。体が弱かったり、病気がちだったりで、人一倍手がかかった子は、卒園するとき、孫を手放すような気持ちになるんです」

「毎日たくさんの子どもたちの成長を眺めながら、親がこの瞬間を見ていないのが歯がゆくって仕方ありません。もったいない、もったいない、と思うのです。親が一生しがみついて生きられるだけの思い出を、どんどんむだにさせているのです」

「保育士が親から大切なものを奪っているような気がして、最近つらいんですよ。子どもを置いていくときの母親の顔が、こんなに平気な顔になっていっていいのだろうか。こんなに堂々としていていいんでしょうか。こんな時期は二度とないんです」

幼児と過ごした記憶が人々を安心させます。子どもが幼稚園や保育園を卒園し、ある日あなたが**子育てに不安を感じたら、子どもを幼児たちと出会わせることです。**

親戚の中に幼児はいないか。近所に幼児はいないか。幼児のいる家を探して知り合いになって、年に一日でいいのです。あなたの子どもに、幼児としっかり過ごす時間を与えてください。すると幼児たちがあなたの子どもからいい人間性を引き出してくれるはず。まわりに幼児がいなければ、卒園した園に行ってお願いしてください。「この子を一日、神様たちに漬け込んでおいてください」と。思い出してください。保育者もその子を「育てた人」なのです。子どもが卒園した幼稚園・保育園と縁を切らないことです。集団で遊ぶ幼児たちがあなたの子どもを育ててくれます。幼児に育まれるあなたの子どもの人間性を、夫婦で眺めることができたら、家族の絆が育まれます。いま失われつつある地域の絆を、取り戻すことができるとしたら、それは人々が一緒に幼児を眺めることから始まるのです。

運動会四：四：二の法則

東京都の八王子にある共励保育園の長田安司理事長が編み出した「運動会四：四：二の法則」には感動しました。一緒に講演を聞いていた埼玉県庁福祉課の小峰さんも感心していました。保育展における先生の講演は、ビデオやスライドを使って、保育の実践とともに運動会の映像が出てきます。それを見せながら、「うちの園では、親たちがやる競技が四割、子どもたちがやる競技や演技が四割、親子が一緒にやるのが二割ですから」と、サラリと言ってのけたのです。エッと思って、私は小峰さんの方を見ました。オッという感じで、小峰さんも私を見返します。そして、二人でニコッと笑ってしまいました。何か、とても具体的に人類を救済する発言がなされたように思えたのです。

ビデオに出てくる親たちを見ていると、「子どもたちの運動会」という既成概念を飛び越え、「園長と保育士と親と子どもの運動会」になっているのです。家族のような、**部族的信頼関係が育っていくことが運動会の意味なのです。**参加する親の真剣な顔、真剣さの中にこぼれる笑顔を、子どもたちが観客席から眺める。応援する。もちろん、子どもたちの一喜一憂、自慢げな表情を、親も嬉しそうに眺めます。そして、また一緒にがんばる競技がある。

親同士の絆は運動会の準備段階から強まっています。四割は自分たちが出る種目です。運動会に行こうと思ったら、参加しないわけにはいかない。子どもの成長を見に行く、なんていう教育っぽい絵空事ではない。親の心が成長するために行くのが「運動会」です。親が真剣に、楽しそうに「保育園の運動会」に参加してくれることが子どもには嬉しい。子どもたちは「自分たちの運動会」だと思っています。そこへ親がきて真剣に遊んでいるのです。嬉しいに決まっています。親だって真剣に遊べるのです。

子どもが嬉しそうだと親はもっと嬉しくなる。幸せの歯車が廻りだす瞬間です。

「役所に、日曜日にやってはだめだと言われました」と長田先生は怒ります。月曜日を代休にするのは法律上困る、と言うんです。そんなとき、子どもと一緒に有給休暇をとって休むか、誰に預かってもらうか悩んだり、奔走するのが親にいい。そんなことくらい対処できないようでは親として失格です。行政が福祉や権利といって親を甘やかすから、親がおかしくなるんです。いつかまた、日曜日にできるように、私は闘います」

「がんばりすぎて、怪我する人が出ませんか？」

「保険は三〇〇〇円しか掛けてないから、それ以上は自己責任、と父母には最初から言ってあります。要は信頼関係ですよ。親たちと園との」

運動会は真剣です

共励保育園へ運動会を見に行きました。

前の晩から天気が心配です。時々カーテンを開けて夜空を見ました。こんなことは久しぶり。運動会はもう始まっているのです。空を見上げ、思うようにならない何か、を意識するときです。人間の位置を感じ、世界を感じ、みんなで祈る。心を一つにする助走が始まっています。晴れるといいな、と思いました。

その晩、もっと真剣に全国で、小さな手が祈りながら、てるてる坊主を作っていたはず。だって、ずっと練習してきたんですから。予行演習だってやったんです。文化人類学的に分析すれば、てるてる坊主の数だけ神との対話がある。深夜二時ごろ激しい雨が降っていましたが、明け方にはやみました。なんとか持ちこたえて運動会が行われました。

河川敷にある広場を借りて行われた運動会は、村の運動会という感じ。子どもが意外と目立ちません。おむすびの中のごま塩みたい。一人の子どもに二、三人の大人がついてきている計算です。園児はまだ小さいのです。運動会に占める体積が少ないから、どうしても大人の陰に隠れてしまうのです。競技だって、子どもだけでやる種目は全体の四割しかないのです。長田先生を探しました。やっと見つけた先生は、四人一組で板の下駄を履いて走る競技の真っ最中。もう転んだのか、短パンに泥がついています。必死の形相で事務組の先頭をつとめています。

父母四人と担任が出場するこの競技は、五人一組の障害物競走になっていて、午前中に予選、午後に決勝戦があり、運動会のメーンイベント。昼休みに、決勝に残ったどの組が優勝するか、投票があります。本部席の前に箱が設置してあり、お弁当を食べ終わるころ、三々五々、子どもも大人も投票にやってきます。馬券の予想屋のように理事長がマイクで今年の本命などを解説し、票が偏らないようにしています。当てた人の中から抽選で、米十キロが賞品として贈呈されます。運動会を盛り上げるのは、真剣な競いあいと、真剣な応援。真剣だから心底笑い、一喜一憂するのです。そうして、心が一つになってゆく。

「真剣に応援するには、やっぱり馬券と賞品です」。先生が笑いながら私に説明します。

障害物競走の途中に棒登りがあって、五本のうち一本が太くて登りにくくなっています。二位できた組がその棒を登ります。その組は「運」が悪いのです。「競争には運が必要ですから」と、先生がニヤニヤしながら説明します。「人生とはそういうものなんだから」そういう不公平を、園長の独断としてみなが受け入れています。

昼休みが終わると卒園児の徒競走。

一〇〇人は参加しています。歳の若い順に六人ずつ徒競走をするのですが、最前列は一年生、最後列はどう見ても二〇歳を過ぎています。でも、みんな卒園児です。

司会が差し出すワイアレスマイクに向かって、走る前に、一人ひとりが自分の名前を大きな声で言って「ヨーイ、ドン」。

ああ、あの子だ、大きくなったね、あの子は変わらないね、などと保育士から懐かしそうな歓声が上がります。保育士が自分の仕事の結果に幸せを感じる瞬間です。こういう瞬間が保育士の明日のエネルギーになります。**卒園児の走る姿を見て、「いま」の保育にいっそう心がこもるのです。**保育園は、卒園したらそれで終わりの生産工場ではありません。その先に長い道のりがあるのです。その長い道のりを立派に幸せに歩んでいってほしいという祈りが、保育なのです。

保育園の運動会はまっすぐで本気です。ふだん駆け引きや裏表の世界で生きなければならない親の精神には、とくにいいのです。必死に走って、転んだり、泣いたり、悔しがったり、そうやって久しぶりに血の通った人間社会らしい一日が過ぎます。幼稚園や保育園の運動会は親の精神の浄化と絆の確認のためにあります。日本独特の魂の行事です。

一人並ぶのが遅れてしまった小学一年生が、最後に大人と一緒に走ることになってしまいました。大人だって卒園児です。容赦しません。みんな必死に走りますから、一年生は二〇メートルも離されて最下位です。悔しくて、悲しくて大泣きです。それでもいいのです。みんな笑顔で同情し、拍手します。泣いて笑って悔しがって、成長し、思い出ができて、絆が育まれるのです。

ハーモニカ合奏のとき、「ビデオを撮りやすい場所を本部の横にもうけました」とアナウンスがあります。二度と見ないビデオだっていい。せっかく芸を仕込んでもらったのです。撮っておかないと損です。撮ってもらうだけで、子どもは嬉しいのです。いい場所を確保し、ファインダーを覗くことで、また親心が育ってゆくのです。高価なカメラを買った言いわけにもなります。ちなみに運動会の準備を手伝った親には、朝、場所取り優先権が与えられています。親を「場所取り権」という餌で釣って、保育園も準備段階から助かるし、親も納得するのです。どんな理由でもいい。親を少しでも長く保育園にいさせることが親心の耕しになるのです。

騎馬戦

普段は出会わない職種の父親たち（母親も幾人か、一人祖母もいました）が出会って三人で騎馬を作ります。先頭になった親の子どもを一人乗せます。親三人で一騎組みです。子どもは一人ずつ順番に乗るので、都合三回騎馬を組み戦わなければなりません。

長田先生が言います。「見ててください。先頭に立つ親によって戦い方が違うんです。親心が出るんですねー」

簡単に説明します。頭にねじり鉢巻をした肉体労働者風ランニングシャツの父親と、一見ひ弱なサラリーマン風の父親、ちょっとニヒルな大学教授風の父親が一緒に騎馬を組んだところを想像してみてください。自分の子どもを乗せるとき、その子の父親が先頭に立ちます。子どもは、まさしく父親の背中に乗っています。肉体派の父親は、敵の騎馬隊を目指して勇猛果敢に突っ込んで行きます。それが性分ですから。相手の子どもが頭につけているかぶりものを取りあうのが目的です。その父親の背後に二人の父親が足となってついていています。

次は、ひ弱な優しそうな父親が自分の子どもを乗せて先頭になります。こんどは、はじめから逃げ回ります。かぶりものを取られなければいいわけです。年長組の父親には三度目、四度目の運動会。騎馬戦の闘い方を知っています。ここで面白いのは、肉体派の父親が後ろで支え、げらげら笑いながら一緒に逃げ回る姿です。つまりいろんな奴がいて、いろんな親がいて、いろんな子育てがあって、でもみんな育てているんだよ、という風景がそこにあるのです。「みんなで育てる」などという政府のキャンペーン的な言葉は、この場には似合いません。「みんなが育てている」、それでいいのです。

肉体派父親も、たまには逃げ回る経験をするといいのです。他人の子どもを乗せて逃げ回るのは、もっといいのです。

こういう風景を生み出す仕組みは、名君といわれた大名が思いつくタイプのものでしょう。長田先生の頭の上にちょんまげが見えたような気がしました。

誘われて反省会に出席しました。役員の親二〇名くらいと保育士二〇名くらいが向かいあって、給食室で作った夕食を食べながら飲みます。だれも反省などしません。楽しかったこと、嬉しかったこと、感動したことが、親たちから順番に語られます。おもわず涙を流す親がいます。もらい泣きする保育士がいます。泣き笑いです。日本人以外の親もいます。日本の運動会に感激しています。

園児を子どもとして持つ保育士が一人いました。母親に違いないんだから一言述べよ、ということになりました。

いきなり、「うちの子、ほんとにかわいいんです」と自慢です。「いつも受け持ちの子たちにそう言っているんで、今日はうちの子を応援するように頼んでおいたんです。一所懸命応援してくれたんです。それが、嬉しかったんです」

みんな、その話をニコニコして聞いています。

ほかの親の前で、保育士がこういうことを自然に言える絆。それが人間社会だと思います。システムにだって心が入れば、こうした風景が生まれる。保育士は自分の子どもはほかの保育園に入れる、という慣例を作っている人にこういう風景を見せてやりたい。人間を信じなさい、と言ってあげたい。「子育て」を「親心が育ってゆく過程」と見れば、**こうした人間関係の絆、信頼が生まれることこそが、子育ての目的なのです。**それをもう一歩進めて「部族の信頼」=「保育の目的」としたところに長田先生の運動会の神髄があるのです。

システムの中で皆が摩擦をさけることが、人間社会から絆を失わせているのです。

長田先生は成人式のときに、保育園に二〇歳になった卒園児を呼んでお泊まり保育のときのビデオを見せるそうです。みんなで、自分が五歳だったときのことを思い出す。一人では生きられなかったことを思い出す。大人を信頼し、頼りきって生きている自分がいかに幸せそうだったか思い出す。「自立」なんて概念はインチキで、本当はみんなで頼りあって生きていくのが幸せなんだと気づくのです。そうして、家族、家庭を大切にするようになるのです。

そのあと理事長が駅まで園バスで送るそうです。小さな座席に座った成人たちがとても嬉しそうなのだそうです。

こんなことを日本中の保育園がやってくれたら、と願います。成人式を幼稚園や保育園でやることで、日本が変わると思います。

朝霞市の場合

埼玉県朝霞市のある保育園の園長が、市長と保育課長さんをとても褒めるのです。待機児童解消のため、都市部の保育園では定員の一二〇％の園児を預かるように求められる場合が多いのですが、朝霞市は一〇〇％を守ってください、と言うそうです。待機児童の問題は市でなんとかしますから、保育園は定員を越えずにやってください。しかも通常、認定された発達障害児を三人預かると保育士一人分の補助が加算されるのですが、朝霞市は一人預かれば一人分加配があるというのです。ですから、うちでは何人でも預かりますよ、と園長先生は言うのです。もっとびっくりしたのは、夕食は家で食べるべきもの、必要な場合でもお腹がいっぱいにならないように、親が家で夕食を作らなければならないように、できるだけ軽くするように、と言われるそうです。ここまでくると、この市長と保育課長は、親子の幸せについて達人的な理解をしている、ということです。

勤務時間を厳密に申告させ、通勤時間も分単位まで報告させ、それ以上になったら必ず料金をとるように、規則を守らせるように、とお達しがあったそうです。ですから、この保育園では、七時ごろにはほとんど子どもはいなくなります。親が走って迎えにきたりします。そして、私がいい保育園の目安にしている保護者会の出席率が九割を超えているのです。基本的なルールを守ることで、保育士と親たちの間に信頼関係があるのです。

予算が少ない、不景気と言われますが、実は市のレベルで、市長の意識でここまでできる。道路一本作らなければ、日本を日本らしく再生することは可能なのです。

尾崎千代先生

私の携帯電話には道祖神園長の写真コレクションがあって、中でも、横浜市の瀬谷愛児園の尾崎千代先生は守り神のような存在です。

ある日、共励保育園の長田先生から、すごい道祖神がいるんですが、見に行きませんか、と電話がありました。そして、二人で拝みに行きました。

先生は八八歳、役人と予算に関わる数字のことで論戦する現役ばりばりの園長です。朝礼から参加しました。尾崎先生の吹く笛で、子どもたちが走り回ります。まるで「気」の渦巻きを尾崎先生が操っているよう。宮崎アニメの登場人物を見ているようでした。

朝礼のあと、先生の六〇年におよぶ体験談、冒険談、闘いの歴史を聞かせていただきました。女性教師が産休のあと仕事をやめなければならない状況に憤慨して保育園を始めたこと。でも、それが果たしてよかったのか。先生もいま、システムに子育てを頼るようになった親たちの身勝手さ、親心の喪失をとても心配しているのです。いまの状況は預かりすぎ、子どもを預かるとしても親をちゃんと見張っていなければいけない、いまの行政の施策の後ろには子どもたちの幸せが見えない、親の利便性ばかり考えている、と言うのです。横浜市は親子を引き離す質の行政サービスがとくに激しいので、闘いも壮絶です。先生のように子どもの幸せを優先して考えると、役場と喧嘩になります。そして、瀬谷愛児園のすごいところは、役場と道祖神が喧嘩になると、親たちが道祖神を守ろうとするのです。

先生の武勇伝の中で面白かったのは、以前〇歳児四人に保育士一人だった規則を、三人に一人に変えさせたときの話でした。先生は役人に言ったそうです。地震が起きて火事になったら、保育士は一人おんぶして、右手と左手に一人ずつ赤ん坊を抱えて逃げることはできる。だけど、四人だったら一人置いて行かなければならない。だから、役場で赤ん坊に番号をつけてくれ、どの子を置いて行くかそっちで決めてくれ、と言ったそうです。

お昼ご飯のとき、食事を前に道祖神が時計の問題を出します。いま、十二時です。三〇分して最初の子が食べ終わったら何時ですか、といった簡単なものです。一斉に「ハイ、ハイ」と小さな手が上がります。一人の子が名前を呼ばれて答えると、声を揃えて「アッテマスー」とみんなが言って手をパチンと一緒に叩きます。おばあちゃんを見つめる目が、かわいいんです。自由保育型の保育をしている長田先生は目を白黒させていましたが、二人で、保育のやり方も大切だけど「道祖神がいるかいないか」の方がもっと大切だねー、という結論に達しました。

「普通は三歳児、あんなにじっと座っていないよ」と、長田先生が私に言います。

「道祖神がいるだけで、親が安心し、その安心が子どもに伝わっているんじゃないでしょうか。ブータンの子どもたちが二〇〇人くらい一緒に、一人のお坊さんの話を静かに聞いている風景をドキュメンタリー映画で見たとき、そんな感じがしました。その風景の向こうに親たちの信頼が見えたんです」と私も頷きます。

尾崎先生に、先生ご自身が描いた絵を西陣織にした舞台の緞帳を見せていただいたころには、私たちはすっかり尾崎千代ワールドに浸っていました。

「長田先生、やっぱり保育はドンチョーですよ、ドンチョー」

「そうですね。保育はドンチョーか」

やがて、ランドセルを背負った小学生が数人帰ってきます。

「学童保育もやってらっしゃるのですか?」とお尋ねすると、

「しかたないでしょ。誰かがやらなければならないのですから。そのかわり、うちの卒園児だけ」

それでは行政から補助が出ないんじゃないですか、という私の質問に、親たちがそのぶん何とかするというからやってるんです、と先生は少し困った顔で答えました。ちなみに、瀬谷愛児園も月一回の保護者会の出席率は九割を超えるそうです。

「私は自分が育てた子には責任を持ちます。だから、卒園児だけ預かるんです」

こうした当たり前の考え方が通用しないから、瀬谷愛児園の学童保育には補助金が出ないのです。言い換えれば、行政の仕組みが人間本来の考え方を少しずつ壊しはじめている、ということです。


山形の保育園の先生に講演し終わって、「なんで講師に私を呼んだんですか?」と尋ねたら、「尾崎千代先生の紹介です」と会長さんが言われました。

「だれか講師にいい先生はいませんか? とお尋ねしたら、『いいのがいる』っておっしゃったんです。

『どんな先生ですか』と聞いたら、『先生じゃないんだ、いいのがいるんだ』とおっしゃったんです」

そう言って会長さんが笑いました。

道祖神の推薦は格別です。ありがとうございます、千代先生。

保育園の守護神たち

山形の先生たちに講演する前に、しばらく控え室で若い先生と二人っきりになりました。大会のセレモニーをしている間、待ち時間があったのです。その若い先生が入れてくれたお茶が、不思議においしかった。落ち着いた、やさしい味がしたのです。

「何年保育士をやっているんですか？」

「保育士ではないんです。調理師なんです。給食を作ってます。七年目です」

「おかけになりませんか？」

「はい」

「楽しいですか？」と尋ねました。

「はい。とても」と微笑まれます。「でも、三年勤めたとき、一度やめようと思ったことがありました……」

先生は、そう言って窓の外の景色を見つめます。「そのとき、園長先生に、もう二年やりなさい、と言われたんです」

「つづけたんですね」

「はい。五年目くらいから、調理をするのが楽しくなりました。私の作った給食を、どんな顔をして園児が食べているか覗いて見るようになったんです……。おいしそうに食べているのを見て、とても幸せな気分になってきたんです。あのとき、やめないでよかったです」

「五年かかったんですね」

「はい」と頷く先生の顔が、晴れ晴れとしています。

一杯のお茶の向こうに園児が見えました。声が聞こえる気がしました。

給食の先生は保育園を眺めています。客観的という言葉は当てはまらないけれど、毎日、繰り返し心を込めて園児の食事を作る人たちは、園のすべてを見ています。おいしい給食をつくる先生に聞くと、その園のことがわかります。

厳しい保育士がいたりすると、お願いだから給食の前にあの子を泣かさないで、と心の中で祈ります。心を込めて食事を作ることが、人間の確かな目を育てます。だから、保育園に給食室は必要です。保育園は子どもたちが育っていく家なのです。屋根があって、門があって、竈《かまど》があって、その竈《かまど》の前で、子どもたちを思う心が育っているのです。

調理師の先生の目が、子どもたちを見守っている。これも大切な保育です。

保育士からの手紙

講演前の貴重な時間を空けていただき、ありがとうございました。

ランチまで、ご馳走様でした。

いい時間が過ごせました。

保護者とコミュニケーションがとれ、意思の疎通ができれば、保育士の心もずいぶん救われるし、力をもらえると思います。

比較的、お父さんの送迎や祖父の送迎はゆったりしていて、少しほっとします。とくにお父さんなんて、保育士が話しかけるとしっかり聞いてくれて、いろいろ話してくれたり、子育ての質問なども出ます。そんなときは、「ココの家庭は大丈夫」と安心できます。

あるお母さんは、いつも迎えにくるなり、子どもに強い口調で「早く支度して！」と言葉が飛びます。大手の製薬会社の研究室にいるエリートさんで、子どもの健康管理、ことに食事の栄養バランスは完璧です。子どもとの時間も合理的でむだなことはしません。十九時二五分、毎日正確に閉園五分前に迎えにきます。すぐにお風呂に入れ、食事をさせ、二一時〇〇分には就寝させたいので、数秒でも早く帰宅したいのです。

いつもそうなのに、子どもは毎日「ママに見せるんだ」となかなか片づけません。ままごとでも、ブロックでも、お絵かきでも……

片づいてないと、またママは「アラ！　お片づけまだなの？　早くして」と、さらにあわただしくなります。

そこで、お母さんより先に声をかけるよう気遣ってみました。

「お帰りなさい。ママもお疲れ様でした。〇〇ちゃんは、今日はこれをママに見せるんだって一所懸命作っていたんですよ」

そんなことを繰り返していると、まず子どもを見てから言葉をかけてくれるようになりました。

そして、ママとそれを片づけるとき、ママはなんの迷いもなく、実に手早く子どもの「作品」を片づけてしまうのですが、子どもは実に嬉しそうに一緒にどんどん片づけます。

「先生、絶対こわさないでね。片づけちゃダメだよ。ママに見せるんだから」といっていたブロックを、とても嬉しそうにこわして片づけていきます。

ママが自分と同じ作業を一緒にしてくれる大事な時間、嬉しい時間なのだと、その子の表情が言っていました。だから、私は片づけは手伝わないことにしました。いつか、ママと一緒のことを嬉しいと感じている子どもの心を、ママが感じてくれることを祈って。

いま、遅番パート保育士としては、地道にこのような関わりしかできませんが、子育て支援ってココだと思っています。物理的に手助けをし、子育ての代行をするのではなく、ましてや、保育所に預けながら子育てする親の貴重な時間をなくしてしまうのではなく、親が親として育っていく「気づき」を手助けするものだと……。その気づきの時間を作るものだと。

「お母さん、ココですよ！　子育ての醍醐味は!!」と叫びたいところをこらえて、気づいてくれるのを待ちます。保育所の親育てもまた忍耐ですが、親が、その子どもの心に気**づいてくれたとき、私たちは「よかった！　わかってくれた！」と喜びを感じ報われます。**

私は、もうちょっとお節介おばさんをがんばってみようと思います。

○歳児は言葉がわからないから外人でいいのよ

ある保育科の卒業生から聞いた話ですが、実習先の保育園では外国人労働者を雇っていたそうです。そして、園長が実習生に「○歳児は言葉がわからないから外人でいいのよ」と言った、というのです。

保育士は、時給八〇〇円とか一〇〇〇円で雇われているのが現実です。学校では、臨時採用の先生でも時給二五〇〇円もらっているのです。幼児を育てることを時給八〇〇円に値する労働、と社会が見なしているのです。

いまの保育の仕組みでは、外国人労働者を雇わなければならない事情も理解できます。その外国人が日本人より母性的で子どもにいい影響を与えることも十分に考えられます。しかし、園長が実習生に「○歳児は言葉がわからないから外人でいいのよ」と言う。これは、尾崎先生が「私は自分が育てた子には責任を持ちます。だから、卒園児だけ預かるんです」という言葉の対極にある意識です。

学生が実習に行った園は東京でした。私はてっきり、基準が甘く、問題点も多い認証保育所だろうと思いました。学生は、実習園で起こったことを話してはならないという誓約書に署名させられていました（こんな誓約書が存在すること自体そうとう問題です）。やっと聞き出してあきれました。東京都の公立の認可保育園でした。

親子の幸せを願いすばらしい保育をしている公立の認可保育園は東京にいくつもあります。子どもたちを守り育てる確かな仕組みを取り戻すために、これを書いていることを理解してください。書くことによって、親と保育士の対立関係や疑心暗鬼を助長するのではないか、とも心配します。しかし、幼児、とくに乳幼児には発言する能力がない。そして、保育園という仕組みに関しては、もう待ったなしの限界点にきているので、私はあえて書いています。

誓約書といえば、もう一つ書いておきたいことがあります。これも東京の認可保育園でのことです。働き始めて数カ月という保育資格を持っていない男性のパートが、二人の子どもに性的いたずらをして、一人の子どもが祖父にそのことを話して大騒ぎになったというのです。トラブルを恐れた役所と警察が保育士たちに、そんなことは一切見なかった、と一筆書かせたというのです。親は、マスコミ沙汰になってもかまわない、とまで言ったそうです。一筆書かされた保育士たちは、いまでも苦しんでいるはず。その苦しみの中で、保育士の良心が、いまの仕組みから子どもたちを守るために声を上げ始めてくれることを願います。このままではやっていられない。良心を捨てるしかない。

駆け引きをせず純粋無垢な幼児は、人間にとって魅力的です。神のような存在です。だからこそ人間にとって大切であり、同時に危険な存在なのです。親心が希薄になり、社会から常識やモラル・秩序が消え始めると、不安と恐れの中で暮らす寂しい男が無欲で神々しい幼児に手を伸ばします。パワーゲームにもとづいた幸福感が、信頼に飢え一番ゆがんだ形で現れてくるのです。そうした危うさを、以前、ボランティアに頼ろうとしていた学童保育の中にも感じたことがあります。人間社会の性的ゆがみは、必ず「親身」の肩代わりをしようとする「福祉」の現場に現れます。アメリカを見ていると、それがよくわかります。

この事件があった保育園は、それでも認可の公立保育園でした。パートの男性は園児に触れてはいけない、という規則があったのです。規則が厳しい認可保育園でも、このようなことが起こるのです。いま、増えている認証保育所や全国の認可外保育施設（無認可保育園）では、もっとルールが曖昧なうえ、そのルールを守らせることのできる指導者がすべての現場にいるかというと、はなはだ疑わしい。

閉じ込められる子どもたち

フランチャイズ制の認可外保育施設を全国展開している会社が、保育施設の経営を保育の経験がない人たちにまで勧めています。私の講演を聞いた人から、保育園をやって年収八〇〇万円くらいになるのですか、と電子メールをもらってびっくりしました。開設費や指導料を最初に計三〇〇万円払い、フランチャイズ料を月々五万円払う仕組みだそうです。規制緩和に乗じて大本の会社が指導料で利益を上げているような気がしてなりません。

「一人保育士がいれば、あとはパートでいいんです」「三つ経営すれば月一〇〇万円になります」と言われたそうです。利用者向けの宣伝には、「母親に代わり知育・徳育・体育をします」と書いてあります。開設をすすめるパンフレットにある月ごとの人件費の計算書は、時給八五〇円×七時間×二五日×保育士の人数。時給八五〇円で一歳児の場合六人の子どもの母親に代わり知徳体の子育てができるのだったら、文科省も厚労省も苦労しません。

厚労省の資料を調べると、平成十九年度に新設されたベビーホテルが全国で一九三ヵ所、廃止休止が一七七ヵ所。認可外保育施設は五九四ヵ所が新設され四九二ヵ所が廃止休止です。こんなビジネスに、自分の意思では過ごす場所も決められない幼児を午に二五〇日も預けていいのでしょうか。ベビーホテルの九五％に立ち入り調査が実施されていますが、七〇％が指導監督基準に適合せず、認可外保育施設の七七％に立ち入り調査が実施され、半数が指導監督基準に適合しない。

いままで規則で守られていた保育界を、民営化の名のもとに利益を追求する会社が参入できるように「改革」したのは、これまた保育に素人の、いや私に言わせれば「人間に素人」の経済学者と政治家たち。福祉はサービス、親のニーズに応えますと言って票を集め当選し、国の予算が破綻してくると福祉の予算は簡単に減らされ「民営化」です。選択肢のない子どもたちが泣いています。女性の社会進出で税収を増やそう、という切羽詰まった目的を、サービス産業には競争原理を持ち込めば質が上がる、という安易な経済論でカモフラージュして進めているのです。以前、女性の社会進出で税収を増やそう、という目的が、女性の人権というカモフラージュで進められたときと似ています。

しかし、子育てのサービス産業化はいずれ社会全体のモラルと秩序の低下を招きます。人間は子どもをないがしろにしたときに、自ら良心を捨てるからです。人々の心に疑心暗鬼が広がります。離婚が増え、経済はますます悪くなり、いずれもっと深く大きく破綻するでしょう。必ずどこかで誰かにつけが回ってくる。地球温暖化と似た構図です。

私は六割の結婚が離婚に終わるアメリカの状況を考えていて、これが地球温暖化の原因の一つでは、と思ったことがあります。一つの家庭が分裂すれば、竈《かまど》が二つに、冷蔵庫も二つになります。電化製品メーカーにはいいでしょうが、温暖化ガスの排出量は二倍です。輸出に頼ってきた日本には一時的によかったのかもしれません。しかしその結果、私たちは人類として大きな代償を払わなければならなくなってきているのです。

すでにこうした無認可のフランチャイズ制の託児所が、全国に何百カ所も作られていま す。子どもたちが毎日「親らしさを放棄した社会」を体験し育っていくのです。とりかえしのつかない未来への負の遺産です。

私が見に行ったところは、二五坪くらいの部屋に四〇人前後の子どもが預けられている保育所でした。異年齢が一緒に受ける「混合自由保育」を売りにしていますが、一部屋ではそれ以外にはできません。一番私が耐えられなかったのは、この状態だと一日中「静寂」がないことです。異年齢の子どもを一斉に静かにさせることは不可能です。〇歳児と一歳児が偶然眠ってしまったときに、二歳児、三歳児にひそひそと読み聞かせをし、四歳児、五歳児に静かに遊んでもらう。そんなことは天才保育士でも不可能です。

静かな時間がない環境で、保育士と子どもたちが一日八時間以上、年に二五〇日過ごす。園庭がないと、反響板の中に常に閉じ込められている感じがします。逃げ場がないのです。

もう一つ気になったのは、保護者会がないこと。これをやると園児が集まらない。親へのサービスが第一なのです。週五日預けている親に、「土曜日も夫婦で遊んできてください。お預かりしていますから」と言うそうです。こうした小規模園では親に対するサービスが死活問題になるのです。

認可外保育所は三人に一人が保育資格を持っていればいい。そのうち、資格を持たない男性のパートを安易に入れるようになったら、と考えると恐ろしくなります。

アメリカで三〇年ほど前に、保育所や幼稚園における男性職員による性的いたずらが社会問題になりました。訴訟が怖いから、と保育士に「なるべく園児に触らないように」という指示を出していた園長先生を思い出します。男性保育士がいけない、と言うのではないのですが、ある日本の女性園長が、「保育士は毎日何度もオムツを替えます。娘さんが知らない男性に毎日オムツを替えてもらって、あなたは平気ですか？」とおっしゃった言葉には、真理と洞察があります。男女平等という争いよりはるかに深い、人間の性、修羅にもとづいた直感的なルールが人間社会にはあるのです。

お茶の時間

埼玉県で、同志の保育士たちが言います。八時間保育が十一時間開所になったとき、何かが崩れ始めた、と。

八時間保育のときは、まだ親に「この人に預ける」という意識があった。朝、子どもを預ける人と、帰りに受けとる人が同じだったのです。十一時間開所になり、正規雇用の保育士は八時間勤務ですから、朝と夕方、親と顔を会わせる人が別の人になった。

「この人に預ける」が「この場所に預ける」になった瞬間です。子育てが人間の手からシステムの手に移った、と言ってもいいでしょう。こうした意識の変化が、実はいま先進国社会の様ざまな問題の背後にあります。

十一時間開所になった翌年、親は平均十時間十五分預けるようになりました。この失われた二時間十五分の間に地球に何が育っていたか、行政も政治家も学者も気づかない。

「十一時間開所になり八時間労働のシフトがずれ、保育士が一同に会してお茶を飲む時間がなくなりました」と園長先生は嘆きます。こうした時間が保育士の育ちあい、心の癒し、結束、情報交換にどれほど重要だったか。大人の一緒にお茶を飲む時間が、子どもたちの育ちにどれほど大切な意味を持っていたか、深く考えずに施策は進んだのです。

一杯のお茶を飲むことが、これほど大切にされた国はなかったのです。**一杯のお茶を飲み、時空をわかちあうことで宇宙との和を感じようとした千利休が、保育園の十一時間開所に泣いています。**日本という「和」の国が悲鳴を上げ始めています。

「一緒に子育てをしている保育士には、お茶を一緒に飲む時間が必要です」。ただそれだけの言葉で、みんなが理解しあう社会を、私たち日本人はもう一度目指さなければならない。

いま、十一時間開所をカバーするために、保育資格を持っている三時間のパートをハローワークで見つけることは不可能です。その結果、資格を持っていない人が現場に入ってくるのが当たり前になりました。資格を持っていなくても、園長が厳選すれば問題はないでしょう。しかし、現実は明日の人員を確保するのに園長は四苦八苦しています。無資格の人が保育士らしからぬ行為をしても、簡単にはクビにできないのです。立場や規則のために、心ある園長や主任が見ぬふりをし始めています。一人の園長が、一つの悲しい光景に見ぬふりをした瞬間に、この国を守ってきた子育てをわかちあう魂が一つ消えていく。こんな状況で、これ以上、保育の質を保つことはできません。とても危うい仕組みの中で、子どもたちは日々育っているのです。そして、親になっていくのです。

最近聞いたとても悲しい話。

保育園の運動会で「お弁当をつくるのが嫌」という親が、お弁当の時間に夫婦で子どもを車で連れ出し、コンビニの駐車場で食べさせていた、というのです。

こういう光景に、園長先生が口をつぐみ始めたとき、不安が広がっていきます。こういう光景が「自由」や「権利」という言葉で守られているのを見たとき、人間は未来を考えるのをやめるのです。

父親たちが集う意味

夫の暴力に苦しむ母親が増えています。競争原理に操られ、男たちに優しさや忍耐力がどんどんなくなってきているのです。子どもには優しい父親が、妻に暴力を振るう、というケースもあります。子煩悩な父親にはまだ希望がありますが、子どもに関心を示さない父親が暴力を振るい始めると危険です。

早いうちに父親の親心を耕しましょう、と私は保育者に呼びかけます。

一日副担任をやってもらって、一人ひとり幼児の集団に漬け込むのは効果的です。父親の顔が数時間で変わります。ニコリともしなかった表情が園児に囲まれて和みます。すると、家庭の空気が温かくなる。家庭内暴力が奇跡的に治まる。暴力を振るうのに誰にも相談に行かない、カウンセリングなんか受ける気もない。そういうプライドの高い頑なお父さんが「園の行事」という助け舟に救われるところを何度も見ました。

父親だけ集めて、年に一回酒盛りをさせる幼稚園があります。お母さんと子どもたちはいなくてもいい。父親同士が仲良くなることが目的です。「父親同士が知り合いかもしれない、友だちかもしれないという意識を、幼児期に子どもたちに持たせることができれば、小学校や中学校でいじめはなくなるんです」と園長先生が断言します。「本当は友だちでなくてもいいんです。お父さん同士が友だちかもしれない、子どもたちが日常的にそう思うことがいいんです」

学校教育の現場から、ある時期、意識的に家庭を排除しようとしたことによって、友だちの向こうにその子を育てた人がいることを意識できなくなっているのです。見えない絆や人間関係を意識しあうことで、人間社会はバランスを取り、成り立ってきたのです。放っておくと、ともすれば残酷になりがちな子どもたちの世界には、なおさらそうした見えない世界のバランスが必要です。人間は絆でつながっているということを、早いうちに覚えるのがいいのです。

お父さんたちの酒盛りから野球のチームができたり、釣りの同好会や、季節の行事が生まれます。それはやがて学校での「オヤジの会」に進化します。大人たちの部族的意識が子どもたちを安心させ、学校での生活が安定してくるのです。

父親のいない子ども

園で父親参加の行事をやろうとすると、「父親のいない子どもに対する配慮は？」と言う人がいます。心ある保育者が「お父さんがいない子は悲しいと思います」と私に言います。どちらも優しさから出た言葉でしょう。しかし、人間の幸せは常に悲しみと背中あわせのものです。「死」があるから「生」がある。それを正面から受け止めずに、真の絆は生まれません。

以前、運動会で徒競走に順番をつけないという学校の話を聞きました。徒競走でビリになった自分の子どもを親がどう慰めるか。オロオロして一言も声をかけられなくても、そのオロオロを実感することで「親心」が育っていく。オロオロしなくなったら終わりです。親はオロオロするものなのです。

漫然と悲しみを避け、現実から顔を背けていると、人間は繊細さを失ってゆく。優しさという人間らしさの大切な部分を失っていくのです。そして、人間関係を避け、幸せに対してますます不感症になっていく。そんな親は、自分と向き合うことをせず、権利ばかり主張して、不平不満を社会の責任にし、行政の責任にし、先生にまで文句をつける親になるのです。そういう親でいることの方がよほど不幸です。悲しみと不幸はけっして同質ではない。悲しみを分けあう、実感しあう、そのことが、楽しみを分けあうよりはるかに絆を深めることがあるのです。

「父親のいない子に配慮し」幼稚園が、父親参観日という名前を自粛し、「走るのが遅い子に配慮し」みんなで一緒に手をつないでゴールするような教育をしたら、やがて隣同士住む人間がお互いの顔を知らない、悲しみをわかちあえない社会になるでしょう。無関心、無感動が、親の子どもに対する無責任へとつながってゆきます。

一人の人間の悲しみを包み込み、人間の絆が育つ。絆が助けあいを生み、助けあいがより深い絆を生む。人間は一人では絶対に生きられないのです。

人間が助けあったり頼りあったりしなくていいように、政府や行政がやらなければいけない、とみなが言い始めている。権利として主張し始めている。これは怖いです。

地震や洪水が起きると、マスコミが「心のケア」が必要、「カウンセラー」を政府が用意せよ、とまで言う時代になりました。本当は視聴率を取りたいだけなのに、正義の味方のふりをする。そして、人々の間に、政府や行政がそれをしてくれないから自分は不幸なんだ、という意識が広まってくるのです。災害が起きるということは、悲しみに直面し絆が育つときがきたということ。絆の存在が確かめられる機会なのです。そうした人間社会の仕組みや心理を理解したうえで、マスコミは報道してもらいたい、と思います。人々が怒りをぶつける相手を探してあげる、みたいな報道が多すぎます。

悲しみから目をそむけ、日常生活の中で人間関係の絆を築く機会を失い、そのうちカウンセラーがいなくては機能しない社会になったら、殺伐とした救いのない不幸が人間社会を満たすでしょう。自分がいじめられないため、形だけの絆を保つために誰かをいじめるという最近の小中学生の世界に、私は未来の日本を感じて怖くなります。

人間は、絆がなければ生きていけない。しかし、その絆が悲しみさえもわかちあう深いものでなければ、幸せにはなれない。


「配慮」という言葉に話を戻しましょう。

実はこの地球上に「父親のいない子」は存在しません。クローン人間でもないかぎり、どこかに父親はいます。それがお墓の中であっても、親が離婚したとしても、父親はいる。「それを意識すること」が魂のコミュニケーションの始まりです。それを思い出すことが、現代社会から失われつつある「魂のコミュニケーション」の復活につながります。だから、私はあえて言うのです。「父親参観日」を作りましょう、「父親が遠足へ一緒に行く日」を作りましょう。父親を園に引っぱり出しましょうと。

お盆に子が親の墓参りにきたら、親は死んでも子育てをしている。そして、宇宙は私たち人間に自信をもって○歳児を与えているのです。

「父親のいない子に対する配慮」という言葉を口にすることによって、「実は、父親のいない子は一人もいない」という真実を忘れる。真実から目を逸らしているうちに、やがて父親とはどういうものかさえ思い出せなくなる。

私はお母さん方に話をする機会が多いのですが、「子どもが幼児のうちにご主人の心に祈りの火をともしてあげてください。子どもが小さいうちが鍵です」と言います。「幼稚園や保育園を利用して、父親が出てくる行事をたくさん作ってもらってください。ご主人の心に早く親心が芽生えれば、それがあなたの幸せにつながります。ご主人が文句をいったら、『こういう園長に当たったんだから』とか、『仕方ないでしょ。ほかの子の親だってやってるんだし』とか言って、全部園長先生の責任にしてかまいません」と言います。

理屈ではない。父親が保育園や幼稚園に出かけるだけで、家族の一生が変わる。これをみんなですることによって、国の未来が変わる、人類の進化の仕方に影響を及ぼすのです。ちょっと不思議な話をします。

もし、父親の心に祈りの火をともしたかったら、一週間でいいのです。眠っている自分の子どものために、毎晩、歌わせるのです。

「カラスなぜなくの」でいい。父親に歌を唄わせるのです。一人で。

眠っている自分の子どもに一人で、という一見非論理的なコミュニケーションの場に音

楽が加わることによって、父親の心に、ポッと祈りの火がともります。

音楽にはそういう不思議な力が備わっています。

音楽の役割はそんなところにあるのです。

本当は、奥さんに言われて、ご主人が実行してみようという気になるような夫婦関係ならばもう大丈夫なのですが、うちはどうかな？　と思ったら、まずお母さんがやってみてください。眠っている子どもに一人で唄いかけるのです。お母さんが不思議なことをやっている姿を父親が眺める。その姿には、父親が忘れていた「何か」があるはず。こうした風景を目にして、人は人らしくなってゆきます。人が互いに眺めあう、言葉を実際に交わしあうよりもっと大切なコミュニケーションの手法です。絆で守りあう姿です。

言葉に支配されている人間が、音楽という儀式に近いものによって魂を解放される、それが子守唄の原点です。

保育士の気合い

日曜日に行事をやろうとすると行政からストップがかかる認可保育園では、父親を行事に参加させるのはむずかしいのですが、こんな解決方法もあります。ある保育園で、遠足は父親同伴、父親だけと決めてしまって、代わりは原則不可。すると、三分の一の父親しか参加できませんでした。集合場所で、保育士がさっさと、父親が参加できなかった子どもたちを参加した父親に割りふってしまうのです。

「今日は、あなたが父親がわり。保育士は見ませんよ、お父さんたちが見てください」

躊躇する暇を与えず、反論の機会も与えず、これが宇宙の法則です、という感じで、どんどん進めてしまいます。この辺の、気合いと間合いが、保育士の真骨頂です。

「今日は一日、この三人の父親です。よろしくお願いします」

子どもが一人で勝手な行動をとると、「ほらほら、お父さん、あなたの担当の子どもがあっちへ行きましたよ、ちゃんと見ていてください！」

これで楽しい遠足になります。このやり方で楽しい遠足が成り立たなかったら、人類は滅亡します。

父親にも子どもたちにも、普通の遠足よりも実りの多い遠足になるのです。自分の子どもプラス他人の子ども二人を見る。選択肢はなし。それがいいのです。自然なのです。信頼と絆は家族を越えることを、父子が遠足で実感できたら、それが人生の財産になってゆくのです。

その日様ざまな理由で父親が参加できなかった子どもの中に、これから親代わりをしてくれる人が必要になる子が必ずいるはずです。親身になってくれる人が現れるはず。その人を信頼することができれば、その子の人生に必要な真の絆が生まれるのです。

嬉しそうな園長先生

群馬の保育園で講演したときのことです。

講演が終わって親たちも帰り、ホッとして園長先生と職員室で話をしていました。

「園舎の建て替えが終わってくたびれてしまいました」。七〇過ぎてがんばっておられる園長先生がおっしゃいます。「親たちもずいぶん変わりました、これからどうなってゆくんでしょうかねえ」

もう一踏ん張りですよ、昔の親たちを知っている方々がもう少しの間がんばっていただかないと、という私の話に耳を傾けながら、園長先生は暗くなった園庭を眺めていました。

そのとき、一人の母親から電話がかかってきました。

病気で寝ている子どもが家で泣きやみません。担任のN先生に会いたい、と言って泣いているというのです。その日は土曜日、さっきまで園にいたN先生はもう帰宅の途についています。園長先生は先生の自宅に電話しますが、誰も電話に出ません。

「困ったわねえ」と言いながら園長先生はニコニコしています。

そして、「私は恵まれています。いい保育士さんに囲まれて」と主任さんに電話して、N

先生を探します。しばらくしてN先生から電話が入ります。主任さんは先生たちの携帯の番号を知っています。園長先生は知らないそうです。それくらいがいいのだそうです。

園長先生はN先生に事情を説明しながら、「あんたも保育者冥利につきるねえ。よかったねえ。はやく電話してあげなさい」と電話口で言います。N先生が電話の向こうで頷いているのが、その会話からわかります。N先生はデート中だったみたいです。

電話を切って、「昔は、お母さんに会いたいと言って保育園で泣く子はいたけど、先生に会いたいと言って子どもが家で泣くんだから、おかしいですよね。でも、やっぱり園長としては嬉しいです」

勤務時間は終わっているのに、泣いている子どもの気持ちに応えようと、ためらいなく担任の先生を探す園長先生。保育士一人ひとりと信頼関係がちゃんと作れているからできること。保育というシステムの中で生きているのではなく、人間同士の家族にも似た対応に、私は感心しました。

園長先生はもう七四歳。

「最近の親はどう相手していいかわからないことが多くて……。昔だったらもっとはっきりものが言えたんだけど、近ごろちょっと自信がなくなっているんです」と、さっきから職員室で一時間も愚痴をこぼされていたのです。

その人が一本の電話で急に生き返ったように、ニコニコしながら対応しています。

こんな感じがいいんだな、と思いました。

泣いていた子はインフルエンザでここ三日ほど保育園を休んでいたそうです。きっと、先生と保育園が恋しくなったのでしょう。

園長先生と私は、黙って、主任さんの入れてくださった紅茶をゆっくりゆっくりいただきました。おいしくおいしくいただきました。

CNNから

アメリカで、ショットガンで自分の祖父母を殺してしまった犯行当時十二歳だった少年が禁固三〇年の判決を受け、話題になったことがありました。弁護側は上訴する予定で刑が確定したわけではないのですが、陪審員が下した量刑の重さが話題になったのです。

裁判の争点は、犯行は学校のカウンセラーや臨床心理士によって薦められていた抗うつ剤の服用が、犯行の原因になっているのではないか、という点で、この抗うつ剤が、すでに犯罪を助長する副作用が報告されていること、子どもへの処方が危険である警告がなされていたこと、が裁判で明らかにされていました。

十年間、問題ないとされ一般に使用されていた抗うつ剤が、子どもへの処方が危険だと判断される。新薬というのはそれほど危険性をもっていますし、人間の精神、脳、身体はまだまだ未知の領域です。

日本との文化的心理的土壌の違いは確かにありますが、一歩下がって見つめると同じ人間のやっていること。十二歳の少年に三〇年の刑。薬物、弁護士、カウンセラー。これからの日本の未来について考えさせる材料がたくさんある事件でした。

薬害エイズに見られるように、こうした抗うつ剤の危険性に関して、日本への伝達が遅れたときにいったいどうなるか。

陪審員制度（裁判員制度）の危険性についても、こういう視点からよく考えて決めてほしかった。アメリカを見ていると、この制度は、弁護士と検察というプロ（専門家）が十二人の素人を説得、誘導し争うシステムです。正義が行われることが目的ではなく、勝つことを目指してプロが能力を競い、儲ける、という方向へ向かう可能性が強い。信頼関係がないことを前提としたシステムです。この制度が「家庭」裁判所にまで普及すると、ますます社会の信頼と絆が崩壊してゆきます。アメリカで発砲事件が一番多い裁判所は家庭裁判所です。子どもの親権を争う過程で、突発的な発砲事件が起きます。判事を撃つ、自分の弁護士を撃つ、相手の弁護士を撃つ。**親子という信頼関係の根幹をなす絆のあり方を、司法が明確な正義や情を持たずに合理的に裁こうとすると、人間は自分の存在を否定されるように思い底知れぬ怒りにとらわれるのです。**人間の本能が、自らつくったシステムに牙を剝く。

イスラムと資本主義のぶつかりあいを見ていてもわかるように、正義の明確な定義が、モラルや秩序、一般常識の欠如とともに、ますますわからなくなってきています。

単純に見れば、家庭にショットガンがあったこと。ここから考え始めるべき事件ですが、父親による家庭内暴力が行われていたこと、崩壊家庭からその少年が祖父母に頻繁に預けられていたこと、などが弁護側の争点でした。

法律が人間関係を断ち切り始めたいま、日本でも家庭内暴力が急増しています。家庭に法律や弁護士というパワーゲームの武器や道具が介在してくることが、結果的に火に油を注ぐことになるのでしょう。しかしもうすでに、そうしたものが介在しないと、女性や子どもの安全が守れない時代がきているのも確かです。もう時間がない。

Talent（下院）**-Faircloth**（上院）法案は、一九九五年にアメリカで日本の国会にあたる連邦議会に提出された法案です。二一歳にならずに子どもを産んだ未婚の母には生活保護費を出さずに、その予算を孤児院建設費に充て、なるべく子どもは孤児院で育てよう、という法案でした。誤解のないように言っておきますが、母子家庭が必ずしも悪いのではないのです。社会に、優しさや忍耐力、家庭を包み込む人々の絆があれば、頑張っている母親を見て、母子家庭で立派な子どもが育つことはいくらでもあったのです。しかし、時代は急激に変わっています。二人に一人が未婚の母から生まれ、子どもが十八歳になるまでに四割の親が離婚する国では、血のつながり、実の親という概念さえ価値を失い、統計に沿って、人間の本質を否定するような政策や法案が対症療法として出てくるのです。確かにアメリカという社会で、孤児院で育てば子どもが犯罪者になる確率は母子家庭のそれよりも低くなります。虐待される可能性も減るでしょう。しかし、こういう対症療法を重ねてゆくと、ますます親心が消えてゆく。本来の人間性が失われてゆくのです。

当時この法案に賛成していた下院議長が、「孤児院と考えず、二四時間の保育所と考えればいい」と言ったのを私は忘れません。民主主義という、政治家が大人たちの投票で選ばれる制度の中で、福祉はここまで行く可能性を持っています。

この法案は、否決されました。孤児院はお金がかかります。予算にも限度があります。しかし、その議論の中で、孤児院で子どもを育てるには一人当たり年に四〇〇〇万円かかるが、囚人を刑務所に入れておくには一六〇〇万円かかる、だから孤児院の方がいい、という経済論が話し合われていたのです。システムはいずれ、「まだ起きていない犯罪」を経済論で裁くようになるのです。

Talent（下院）**-Faircloth**（上院）法案は、まだ起きていない犯罪を、確率と専門家の視点で裁くことに他なりません。そして、子どもが犯罪者になる可能性で、母親を裁くことでもあるのです。

この経済論と幸福論のせめぎ合いは、たぶんに、卵が先かニワトリが先か、ということなのですが、私は日本という特殊な国を見つめ、いまできることは、ただ「一日保育士体験」を普及させ、保育の質を守りながら、少しずつ、少しずつ、子育てをしながら育つ人間の絆と信頼を取り戻すため、努力することだと思います。二〇年先、三〇年先に、孤児院で子どもを育てた方がいい、という法案が国会に提出されることにならないように。

世間知らずな日本人

日本では振り込め詐欺や架空請求の被害が多いのですが、この現象は、日本人が信頼関係を土台にしてきたから起きるのだと思います。誰かを疑うことに「不幸」を感じてしまう。法的な争いや金銭的な悩みに不慣れで、弱い。パワーゲームやマネーゲームには、できることなら関わりたくない。悩むくらいなら、振り込んでしまってぐっすり眠りたい。自分は信頼関係の中で生きている、という安心の毛布にくるまっていたいのです。

イギリスの言語学者トールキンの書いた『指輪物語』に出てくるホビット族という小人に似ています。日々平穏に過ごすことに人生の特別の価値をおく種族です。映画にもなったその物語では、ホビット族が権力の象徴である「指輪」の魔力に一番抵抗力があって、権力闘争という暗黒から世界を救うのです。いまの世界を知っていたようなトールキンの予言は、日本人にホビット族であれ、その役割を果たせ、と言っているような気がしてなりません。『逝きし世の面影』（渡辺京二著、平凡社）に書いてある欧米人が「パラダイス」と呼んだ日本に関する記述を、トールキンは生前読んでいたのかもしれません。

日本人は、国際競争の中では確かに世間知らずです。でも不思議にも、この世間知らずで幸せな国民が、過去五〇年間、国際競争で力を発揮し、日本を世界で二番目の経済大国にしたのです。人間の幸福感が経済論の中でも大きな意味を持っている証明だと思います。疑うことを嫌う一人ひとりが集まって絆を作ると、パワーとして最も強くなる……。

この法則に宗教が関わると、グローバルなパワーゲームに知らずに引き込まれる危険性があります。だからこそ、日本的な幸福論、まわりの人間との絆を信じる「安心の毛布」の幸福論に、私は賭けたくなるのです。〇歳から五歳までの子どもたちだけでも、その毛布でくるんでおきたい、と願うのです。この安心の毛布が一番経済的な、いい毛布なのではないか、とさえ思うのです。

一日保育士体験では体験できない風景（保育士のリポートから）

五歳児ゆり組でのこと。ゆり組ではYちゃん（女児）がキーパーを自ら希望し、がんばっていましたが、サッカー大会の二日前、練習試合で大量得点をされ負けてしまいます。翌日、Yちゃんが泣きながら登園、「キーパーをやめたい」と言います。

保育士は朝の時間にYちゃんと二人で話します。

保育士はYちゃんの気持ちを聞いたり、励ましたりしましたが、Yちゃんの気持ちは変わらず、ゆり組のみんなに相談することになります。

Yちゃんから「キーパーやめたい」と話すと、まず「エー」と驚きの声。

Yちゃんとなかよしの H ちゃん（女児）が「Yちゃんだけにキーパーを頼むのは悪いと思うけど、いままでどおりYちゃんにがんばってやってほしいと思う。私たちも点が入らないように、Yちゃんを守るから」

なかなか「やる」と言わないYちゃん。

保育士が「今日もう一回やってみるのはどう？」と提案。

クラスのみんなも賛成し、「Yちゃんのこと守るからね」という言葉にYちゃんも「うん」と首を縦に振ってくれた。

その日の練習試合。ゴールで構えるYちゃんの前にゆり組の女の子がたくさん並び、Yちゃんを守るんだという気持ちがとても伝わってきた。

しかし、またも大量得点で負けてしまう。

試合後、Yちゃんがキーパーをつづけるかやめるかは本人に決めてもらうという共通意識のもと、Yちゃんに尋ねると「やっぱりやめたい」とのこと。

それじゃあ誰がキーパーをするか、ということになると、Yちゃんと一番仲良しのKちゃん（女児）が「わたしがYちゃんのかわりをやる！」

エピソードはここで終了。保育士の気持ちには葛藤があったが、ゆり組の子どもたちはみんなで決めたことだったので、すっきりした気持ちで本番を迎えることができた。

Yちゃんを思い、必死にYちゃんを守ろうと並んだゆり組の女の子たち、仲良しのYちゃんを助けようと代わりにキーパーをやってくれたKちゃんら子どもたちの心の成長を感じるいいできごとになったと思う。


これは、共励保育園の保育リポートに書かれていたできごとです。こんなできごとが日々、どこかの保育園や幼稚園で起こっています。残念ながら「一日保育士体験」では体験できない情景です。こうした時間をかけた段階的な子どもの成長を、親にも感じてほしい、見てほしい、と思います。見ることは共に体験すること。こんな情景から親の人生が創られます。**子どもの人生と親の人生が重なりあうのです。**

Kちゃんや Yちゃんの親が娘のこうした姿を実際に見て会話を聞いたら、一生の思い出になったでしょう。親がこのときの娘の姿を一緒に眺めていたら、親同士、一生の友だちになったかもしれません。子どもたちを共に眺め、子どもたちの成長に感動し誇りに思い、親たちの絆が深まったに違いないのです。

泣く子どもと社会の絆

幼稚園や保育園ではしっかりしたいい子なのに、家では言うことを聞かない、甘える、駄々をこねる、という話をよく聞きます。一日保育士体験をした親の中に、保育園で自分の子どもを見て、こんなに成長していたのか、と驚く親がいます。そんな場合、親を育てるために子どもは駄々をこねている、信頼関係を確かめようとしている、と考えるのがいいのです。しかたがないとはいえ、病気のときに保育園に預けられたりすると、子どもは精神的にショックを受けて、また信頼関係を確かめる作業を始めます。親を親らしくする役割を果たそうとします。親が親らしくならないと、その繰り返しがいつまでもつづきます。日本では、いわゆる「ひきこもり」の平均年齢が三四歳といいます。日本の子どもは大人になっても、まだ親を育てようとしているのでしょう。ありがたいことです。家族という単位がまだ社会に存在しているから、こういう現象が起きるのです。「子どもたち」が、親を見捨てていないのです。親たちも、子どもを見捨てていないのです。

親が大人同士「子どもを一緒に眺める関係」をまわりに作っていると、子どもたちは落ち着きます。親を育てるだけではなく、人間同士の絆を育てることが、子どもたちの大きな役割です。夫婦の関係、夫婦とおじいちゃんおばあちゃんとの関係、保護者同士の関係、親と保育者との関係、教師との関係、そうした子どもたちを見守る大人の絆が育っていると、子どもは必ず泣きやみます。保護者会の出席率がよく、親同士が仲のいい幼稚園や保育園に通っている子どもたちは、精神的にとても落ち着きます。

うちの子はどうしてこんなに駄々をこねるのだろう、言うことを聞かないのだろう、と思ったら、親は友だちを作ればいいのです。一緒に子どものことを話せる人を努力して増やせば、必ず子どもは落ち着きます。親の向こうに、人間社会の絆を感じ取る、それが子どもの遺伝子に組み込まれた本能です。伝書鳩の帰巣本能や、鮭が生まれた川に帰ってくる能力のことを思えば、人間の子どもたちにこの程度の能力が備わっていても不思議はありません。

イギリスにおける少年犯罪の急増

イギリスで少年犯罪が急増しています。日本でも同様の現象が少なからず起こっていますが、二〇年前にすでに子どもが未婚の母から生まれる確率が三〇%を越え、福祉や教育による家庭崩壊が急速に進んでしまったイギリスの比ではありません。イギリスやアメリカに比べれば日本は天国です。

そのイギリスで、犯罪を犯した少年少女の写真と名前を公開する動きに加速がかかっています。「人権問題」などときれいごとを言っていられる状況ではありません。写真や名前を公表することで犯罪の増加に歯止めがかかれば、それが優先されます。親子関係が犯罪の歯止めにならなくなったので、メディアを使って歯止めをかけようというのです。アメリカでは性犯罪者の住所氏名をインターネットを通じて一般市民に公開する試みがいくつかの州で始まっています。四〇年前、黒人と白人の結婚が南部の州で認められていなかった国です。日本に民主主義をもたらしたようなイメージで捉えられている国の軍隊で、一九四七年まで、白人の入るトイレと黒人の入るトイレが分けられていた人権後進国なのです。

欧米先進国で、「人権」は、世の中が安定しているときに、自らの生活に不安がない人々によって承認され、文化的であることの錦の御旗にされてきました。その人たちの生活や既得権益が不安にさらされると、案外簡単にその御旗は降ろされてしまいます。

「民主主義」や「人権」という言葉は、本来もっと大切な御旗だと思います。世の中が不安定なときに、自らの生死を脅かされている人々によって腹の底から叫ばれ、それに人間の良心が呼応する種類のものです。そして、この御旗は絶対に降ろされるべきではないし、人類の頭上にいつも輝いているものでなければならないのです。

最近、謙虚さや美しさを失いつつある日本人の背中に、この「人権」という言葉が見えるのです。色褪せ、ありがた味を失い、安っぽい布地に縫い直された「人権」という御旗が見えるのです。自分の人生を大切にしようとするあまり親心を失いつつある親たちの顔に、この言葉が見えるのです。欧米社会で「人権」という言葉が簡単に踏みにじられるようになったいま、自分の人生さえよければいい、自分の国さえよければいい、安っぽい「人権」が本当の「人権」を踏みにじる段階に人類の歴史が入ってきています。ちかごろ使われる「権利」という言葉は、ほとんどの場合、パワーゲームに組み込まれた「利権」です。

心の闇が見えなかった

小学生が大事件を起こしたときのこと。担任の先生の「心の闇が見えなかった。責任を感じている」というコメントが新聞に載っていました。こういう発言をしてくれる教師がまだいるという日本の状況には感謝したい。

しかし、「心の闇」は見えるものではありません。「心の闇」が何を意味するか、どういうものかさえ私にはよくわかりません。見えないから「闇」というのでしょう。学問が進んだ社会で危険なのは、こういう言葉が頻繁に使われ、あたかも専門家ならその闇が見えるような錯覚を教師や親が抱くことです。そして、専門家でないと「心の闇」が見えない、「専門家でなければ子育てができない」という思いこみが生まれ、専門家でない素人は子育ての恐怖におびえる、そんな社会が生まれつつあるのです。

実は、その素人こそが子どもを直接知る親であり担任であり、毎日向きあう子どもとの関係を親身なものにしてゆくべき立場にある人なのです。専門家が存在することで親身な人間関係が希薄になるほど、こういう事件は増える、ということを忘れてはなりません。情報として知ることと体験として知ることは、異質です。もっと深く進めていくと、知ることと体験することが、すでに異質です。知ることと体験することの混同が、安心を求めるための不安を生み出しています。

こういう事件が起きてから、専門家として発言する人たちに、事件を防ぐ手立てはありません。それができるのなら、精神科医やカウンセラーが日本以上に普及したアメリカで犯罪が減っていなければいけない。精神科医やカウンセラーが普及すればするほど心の病にかかる人が増える、それが現実です。その子どもの家庭に一カ月住み込んで研究しても、専門家に「心の闇」は見えないでしょう。そして、専門家は絶対にその子の家庭で一カ月過ごそうとはしない。

私は異常な事件が起きると「室町時代にもあっただろうか」と考えます。そのとき、人々はどう解釈しただろうか。私の想像の中で一番近い解釈が「狐憑き」です。こんな言葉と説明で人間社会は精神的健康を保ち、こういう状況を乗り越えてきたのでしょう。

コソボ紛争における民族浄化。ナチスドイツのユダヤ人大量虐殺。日本軍の南京における残虐行為。ベトナム戦争中のアメリカ軍によるソンミ村事件。ヒロシマ・ナガサキ。ツチ族、フツ族の抗争。クメールルージュによる子どもを兵士にした粛清。悲しいことに「心の闇」や「狐憑き」は、人間という生き物の個性の一部です。それがなるべく実行に移されない環境を目指す。それが出やすい環境を作るのではなく、人間が成長するための葛藤として心の中にとどめ置く忍耐力や常識で社会を満たすことが大切です。親心を耕すとはそういうことだと思います。人間にごく人間らしい「体験」をさせる。そして、しっかり耕されていても事件は必ず起きる。それでも私たちは耕す。

「心の専門家に人間の将来の行動は予測できない」——これは、テキサス州が死刑を合法化するために精神科医を使ってまだ起きていない未来の犯罪を裁こうとしたときに、全米精神科医協会が出した正式コメントです。

心理学はしょせん人間の習性や、環境に対する反応を研究分析した学問にすぎず、「知ること」が目的であって、人間の心を理解したり、「心の闇」が見えるわけではないのです。「体験」に支えられた、常識、ルール、親心に満ちている社会においてはじめて活用できる学問なのです。

心理学者の怖いところは、親心がなくなると自分たちの学問が無力なものになることに気づいていないこと。自分たちの存在がいかに人間関係を崩壊させる危険性を持っているか、ということに気づいていないことです。親心がモラル・秩序を生み出しつづけるという土台がなければ、心理学にかぎらずほとんどの学問は無力であるか、人間社会を崩壊させる道具になってしまう。親心が社会に満ちていないと、「愛」が近親相姦や幼児虐待、女性虐待を増加させ、少女の「家庭への憧れ」が未婚の母の低年齢化、そして幼児虐待の増加を生じる構造と似ています。あらゆる人間のいい個性が「親心」の存在を前提に動いていること、そしてそれは情報ではなく体験にもとづくものであることを忘れてはなりません。

小学生や中学生を保育園に行かせて不登校を直す試みが始まっています。集団で遊んでいる幼児が、宇宙が私たちに与えた本来のカウンセラーなのです。

遊んでいる幼児を見て、「こんな人たちになりたい」と思ったとき、人間は自分の存在理由に気づきます。

学者の言いわけ

『家庭崩壊・学級崩壊・学校崩壊』（エイデル研究所）という三冊目の本を書いたときから引用しているのですが、十年前にこういう記事が毎日新聞に載りました。

「保育所整備は社会にとってもオトクですよ」（子どもを六歳まで預ければ……自治体は一七〇〇万円税収アップ）

「経済企画庁の研究会『国民生活研究会』（座長、八代尚宏・上智大教授〔当時〕）は十七日、保育所整備は社会にとっても、保護者、市町村などにも「得」との分析結果をまとめ、働く母親支援策として提言した。子どもを六歳まで預ける場合で、母親の可処分所得（手取り収入）が約四四五〇万円増え、市町村などの税収も約一七〇〇万円増加し、それぞれの費用を大きく上回る」というのです。

この研究会の座長だった学者は、この記事のあと、経済財政諮問会議の民間委員になったのですが、最近まで、保育に関わる政府の行政方針の舵取りをしていたのです。福田元総理が短い在任期間中に発表した、十年後に三〇〇万人の子どもを保育園で預かろう、という方針も、議事録を読むと諮問会議におけるこの人の発言が元になっています。現在保育園で預かっている子どもが二〇〇万人ですから、二万人しかいない待機児童を十年かかって、政府が一〇〇万人捻出しようというのです。経済学者の思惑は、一〇〇万人女性の労働力を確保しようということなのですが、福田元総理、本当にこうした施策が日本にどんな影響を及ぼすか、意味がわかっているのかなあ、と思います。現在、三歳児、四歳児、五歳児は、幼稚園と保育園でほぼ全員保育していますから、この一〇〇万人の中身は、主として〇歳児、一歳児、二歳児です。一人保育士を増やせば三五人子どもを預かれる五歳児とはわけが違うのです。そうとうな数の保育士が必要です。すでに、幸せになれないという直感で、保育科を志望する学生が減り、大学や専門学校が定員割れを起こし、外国人労働者がパートとして入ってきている保育界を、「子どもが安心して育つ環境」にまでまず整備し直さなければいけないのに、単純に、多くの女性が、子どもを産むと仕事を離れる日本の現状を経済論の見地から「改革」しようとしているのです。

私は去年、この学者の小さな講演会に、同志の園長先生二人と出かけました。学者は、保育の現場から自分の発言が批判を受けていることを知っています。講演の冒頭に言ったのが、これは私が言っているのではなく、経済学が言っているのです、という言いわけでした。そして、淡々と話す講演の中で、〇歳児は寝たきりなのだし、という発言を耳にしたときに、隣に座っていたなでしこ保育園の門倉先生の手が震え始めたのが見えました。そして、幼児という野蛮人、という言葉が出たときに、共励保育園の長田安司理事長の怒りが沸点に達しているのがわかりました。たとえ半分冗談であっても、幼児の幸せを守ることに人生をかけている人たちには耐えられない言葉でした。

いつから私たち人間は、学問に支配されるようになったのでしょう。

いつから学問は、体験から考えることをしなくなったのでしょう。

いつから政府は、詩人や芸術家、祈る人たち、そして「子どもを守る人たち」の視点を軽視するようになったのでしょう。

幸せのものさし

娘は六歳になっていました。

近所の玩具屋さん「トイザらス」でクリスマスの買い物をしたあとだったと思います。レジでお金を払って出てくると、通路の突き当たりに二五セントを入れて乗るプラスチック製の小さな馬が置いてありました。店の中の明るさとは対照的に、暗い冬の通路にポツンと置いてあったその馬は、みすぼらしく寂しそうでした。遊園地にでもあれば、もう少し楽しそうに見えるのに。私と手をつないでいた娘が、それを見ているのがわかりました。「乗りたい？」と聞くと、ちょっと恥ずかしそうにこっくりとうなずきます。私はポケットから二五セント玉を取り出しました。遊園地の華やかな光に彩られたメリーゴーランドの木馬と違い、この小さなプラスチック製の子馬は簡単な上下の動きしかできません。あたりには誰もいません。それに乗った娘は、恥ずかしそうですが、顔を赤くさせて、嬉しさを押し隠すあの真面目な顔で私と目をあわせます。それを見ていて、私は幸福なのです。こんなにはっきりと幸福を感じることなんて、そうそうあるものじゃありません。殺風景な通路の隅にあった塗りの悪いみすぼらしい馬だったから、娘の上気した顔がその一隅を照らし出して、私に幸せというものを鮮明に見せてくれたのかもしれません。

　娘が小学生にもなって、いまだに小さな機械の子馬に乗ることにこれだけの幸せを感じてくれることが、私には嬉しいのです。娘が幼稚園や保育園に普通に通っていたら、ひょっとすると、もうこんな小さな馬に乗ることは恥ずかしいことなんだ、とほかの子どもたちから教わっていたかもしれません。その子どもたちは、ある日遊園地で親から「もう大きいんだからそんなものに乗らないの。恥ずかしいでしょ」と言われ、お互いの育ちあいの競争の中で、機械の子馬に乗るのはもう恥ずかしいことなんだ、と決めていたかもしれません。娘も、もし周りの子どもたちに影響を受けて、小さな、しかも上下にしか動かない子馬に乗るのは恥ずかしいことなんだ、と思っていたら、「もう大きいからいい」と言ったかもしれません。成長する、ということは、幸せになる道を少しずつ狭めていくことかもしれません。

　価値観の変遷が成長であるのなら、そして、私自身がその木馬にもう楽しく乗れないのなら、少なくともそれに乗っているわが子の姿から幸福感を得られる人間でありたい。幸福になる道を狭めるのが成長することの宿命なら、親が園にきて吸収すべきものは、幸福になる道をもう一度思い出すことではないでしょうか。

ごんぎつね

その夜、私はベッドの上で娘に本を読んでやっていました。本屋で見つけた「ごんぎつね」でした。小学校の教科書に載っていたこの話を、書店の本棚に並ぶ背表紙の中に見つけたとき、私は懐かしくなって絵本のかわりに買ったのでした。率直で簡単で悲しい話だけれど、娘にはこういう話を好きになってほしかったのです。娘はこういう話が好きでした。だからもう私は三回つづけて「ごんぎつね」を読まされていました。

この本には「ごんぎつね」の次に「てぶくろを買いに」が入っていました。これは新美南吉（一九一三～一九四三）の作品の中でも絶品です。このシーンとした感じはなんだろう。

娘は宙を見つめるようにして聞き入っています。きつねの子どもが間違って左手を出してしまいます。娘は「ウーッ」と言って枕に顔を伏せてしまいます。そして無事に手袋を買って、母ぎつねと子ぎつねの静かな会話。物語のあとに残る沈黙。

一瞬が永遠のように長く感じます。「どうだった？」と私。

娘は宙を見たまま、「すっごーい」。

こんなに感動している娘の姿は、めったに見たことがありません。

「すごいねえ」「すっごーい」

こんな瞬間を拾い集めながら、私たちは生きてゆくのでしょう。文学はこんな瞬間を親と子に与えてくれるのです。

そして娘は「すっごーい。いい、いい。ごんぎつね、グー。ごんぎつね、グー」と言って、寝台の上をぴょんぴょん跳ねたのでした。

私は親御さん方にする講演で、子どもたちの成長を見ながら親が親らしくなってゆく、という話をします。そして「親らしく」という言葉を自分自身に照らしあわせて考えてみて、それは、涙もろくなってゆくことなのではないだろうか、と最近思っています。

「ごんぎつね」を長女に読んだあの風景は、マサイ族の風景だったのかもしれません。新美南吉が話の背後に見せる寂しさや沈黙は、親子がわかちあうべき静けさかもしれません。親と子が一緒に眺める風景。それは子どもだましではなく、時に悲しい、理不尽だけれど沈黙に包まれた無限の美しさがある風景なのです。こうした美しさを一緒に体験するためのお話を、私たちはもらっている。真の美しさ静けさを共に体験することで、人間から自然に道徳が引き出される、そんな視点が大切なのではないでしょうか。

逆上がり

以前アメリカ合衆国に住んでいたころ、週一回一時間の器械体操の送り迎えは私の役割でした。娘は同じ年齢の中では小さな子でした。初めて入ったクラスは、日本語に直すと「元気なダニ」というクラスです。ダニと言ってもmiteは小さな虫というほどの意味で、なかなかアメリカらしいネーミングだと思って感心しました。ほかの子たちがエッサエッサ走っている後ろを、パタパタと必死に追いかける娘の姿は真剣そのもので、私は観客席でそれを見ているのが何よりの楽しみでした。

親の心配をよそに平均台の上を歩き始めたころのことです。娘は鉄棒の逆上がりに取り組んでいました。もう三週間ほど懸命に練習しているのですが、どうしてもできません。

観客席から娘ががんばる姿を見ていると、誇らしい気持ちになります。できるかどうかよりも、その真剣さが嬉しく、まわりに自慢したい気持ちになります。自慢したい気持ちを心の貯金箱に入れます。

その日、私は一人で観客席から娘が逆上がりに挑戦しつづける姿を見ていました。足を何度も振り上げているうちに、あるときひょいとした拍子にできたのです。あっと、思いました。その瞬間、娘が観客席にいる私の方を見ました。目と目があいました。私は思わず立ち上がって手を振ります。娘も嬉しそうです。逆上がりができたことも嬉しかったのでしょうが、初めてできた瞬間を私がちゃんと見ていたことがもっと嬉しかったのではないでしょうか。

目と目をあわせたその瞬間を、子どもは一生忘れない、なんてことを言うつもりはありません。でも、「私は」一生忘れない。はじめて娘が逆上がりができた瞬間を見ていた父親なんて、そういるもんじゃありません、これは勲章のようなものかもしれないな、と思いました。しかもそのとき、娘は私を探したのです。いま考えると、逆上がりがはじめてできたことよりも、私が見ていた、ということの方が嬉しかったのではないかと思います。あのときよそ見していたら、と思うとぞっとします。子育ては油断していると、すーっと前を通り過ぎて行ってしまう。そう考えるとき、親が親らしくなっていく瞬間を、学校や幼稚園がずいぶん奪ってしまっていることに気づきます。

ダンボに乗って

ダンボに乗るための行列は特別長くて、待ち時間は一時間近くになっています。

大人にはそんなに魅力的には思えない、ただ上がったり下がったりするだけなのに、なぜダンボはこんなに行列が長いのだろう、と私は考え始めました。夏の太陽の下で、じっと待っている自分の心境と周りの状況を観察しました。

一回に乗り物に乗れる人の数と所要時間、お客さんを消化していく効率がとても悪いことに気づきます。

そして、待っている人のほとんどが、幼児を連れた大人です。ダンボは乗り物としての機能よりキャラクターそのものが幼児を引きつけるのでしょう。幼児はダンボのビデオを家で繰り返し見ていたのでしょうか。そう考えると、ここに並ぶのは、ビデオに子守りをさせた親たちへの罰ゲームかもしれません。

大人にとってはあまり魅力のない乗り物ですから、子どもが乗りたいと言っても、列が長いよ、とか、ほかにもっと面白いものがあるじゃない、とか子どもに言い聞かせて罰ゲームを逃れるという手もあるはず。なんでみんなじっと待っているのでしょう。

幼児が「ダンボ！」と言ったら「ダンボ！」なのです。それを違う方向へ説得するのはむずかしいのです。幼児が言う「ダンボ！」に大人の理論は通用しない。大人はそれを拒否するか、我慢するしかないのです。

幼児の要求を拒否できずに、これだけたくさんの大人が並んでいる。そう考えると、ここに並んでいる人たちの行列が美しいものに見えてきます。三歳になる次女も、自分の乗りたいものに乗るために、一時間近くじっと待っています。親子で我慢することを覚えるのなら、これはとても社会の役に立つ道具なんだ、そう思って、私は頭上を回っている十数匹のダンボを見上げます。

親子三人で数分間乗ったダンボ飛行はすばらしいものでした。行列でびっしょり汗をかいていましたから、上に行ったときに当たる風がますます気持ちいいですし、家族で何かを成し遂げた達成感のようなものがあったのです。

子どものために我慢した大人の幸福感、このダンボは何十年にもわたってそれを運びつづけているのです。待ち時間とそれで得たものを計算すると、理論的には成り立ちにくい幸福感ですが、ダンボ飛行を終えたときに、私は後悔や割にあわないことをした疲労感をまったく感じていませんでした。ダンボは子育ての凝縮された姿なのかもしれません。

田んぼの中の講演会

田園地帯に位置するその町には保育園が九つあって、幼稚園はありませんでした。子どもたちはみな保育園に行きます。

田舎へ行くと、時々こういう街があります。それがその街の保育の歴史です。子育ての習慣が、地域の事情、保育の普及の仕方で左右されるのです。こういう街で家庭崩壊は急速に進みます。子育てという地域の絆の中心になっていたものが、そこに保育園がある、というだけで簡単に他人の手に渡されます。新入園児の二割から三割が父親のいない家庭からきます。卒園するときにはそれが三割から四割になるのです。待機児童の問題が争点になる都会では見えにくいのですが、すでに保育の問題は、経済の問題でも人権の問題でもありません。あきらかに、子どもを見つめる視点、子育てに対する意識が変わってきているのです。夫婦でする子育てが崩れているのです。

外では雪が降っていました。田んぼの中の保育所に保育士が一〇〇人くらい集まっていました。町の保育課長さんもいらしていたので、少子化対策は、経済論がその裏にありま す、とても危険です、という話をしました。

保育士さんが座っている席の斜め前、講演をする壇上から見ると斜め右に来賓席のようにイスを並べて、保育課長さんは座っていたのですが、皆そちらを見ないようにして、一所懸命うなずいてくれます。なかなか面白い緊張感でした。

税収がどうであれ、政府の将来の予算組みがどうであれ、年金制度が崩壊しようが、福祉の予算が減ろうが、いま、日本の女性が欧米なみに仕事を持ち子育てから離れることによって社会から失われてゆく価値観やものさしの方が、この国にとってはるかに重要で根本的な問題だと、私は思います。このまま進めば、欧米と同じように家庭内暴力が増え、離婚が増え、母子家庭が増え、子育てをするために母親の就労は不可欠になるでしょう。そうなってしまってから、男女雇用機会均等法や女性の社会進出という言葉が、アダム・スミスが『国富論』の中で言っていた資本主義のトリックだったと気づいても、もう遅い。欧米が進め日本もその後を追った「平等」はあくまで「機会の平等」であって、格差を正当化するための強者の免罪符でしかない。ある程度の無理は承知でも、やはり経済論に勝てるのは幸福論しかないと、この国は主張しなければいけない。GDPの二・八%を就学前の子どもに使っているフランスは、たしかに予算配分的には魅力ですが、毎月十人以上の女性が配偶者または同居人に殺される、といいます。出生率が上がったといっても、それは子育て代行を福祉でやることと移民の多さが原因です。未婚の母から生まれる子どもは五〇%を越えています。経済状況が悪くなって税収が減ったらどうするのでしょう。子どもは突然減らないのです。父親も帰ってはこないのです。しかし、〇歳から五歳までの子育てに使われる予算がＧＤＰの〇・六％という日本は、あまりにもお粗末。親心が奇跡的に残っているとはいえ、保育者の人間性に頼りすぎ。限界にきています。いまの倍、一・二％を確保し保育を充実させ、あとはしっかり親心で補うくらいが理想でしょう。

まだ、日本では〇歳児を保育園に預ける親は一割に満たない。多くの母親が、幼児との体験を就労による充実感より優先してくれている。ありがたい、と思います。経済論だけでは動かない日本人の個性と歴史を感じます。幸福論にもとづいた秩序やモラルは、一度失われると取り戻すのがとてもむずかしい。それを欧米社会に見てしまった私には、現場で働く保育者の良心が最後の頼みの綱です。

田んぼの中の保育所で、一〇〇人ほどの保育士さんと保育課長。雪もやみ、月明かりに照らされた、いい会合でした。

講演のあとで保育課長さんが、「でも、議員や町長が……」と言うので、「そういう人たちは上手に無視して、正しいと思ったことをやってみてください。保育士が、本気で親子の幸せを願うことができるように、楯になってくれるだけでいいのです」とお願いしました。その会話を、先生たちが食い入るような目で見つめています。

子どもを風呂にも入れない、服も着替えさせない、おしっこのにおいがプンプンしているわが子を平気で保育園に預け、昼働き、夜遊んでいる母親を毎日見ていて、子どもが不憫です、といってポロポロ涙を流す三年目の若い保育士が、「どうしたらいいでしょう」と質問しました。この保育士は毎日子どもに着替えをさせ、体を洗ってやり、ご飯を食べさせているのです。

私は泣きたくもあり、嬉しくもあり、「これから先、なるべく子どもたちがそういう目にあわないように、毎日、毎日、明日を考え、子育て放棄をする親が増えないように、親に語りかけながら、土壌を耕してゆくしかないんです」と言いました。

「子育てをなるべく親に返すような保育。親の関心を引き出すような保育。親に親らしさを取り戻させる保育。親子を出会わせればなんとかなる。少なくとも、引き離すようなことだけはやめましょう」

幼稚園の預かり保育も、まだかなりの数の幼稚園が「こんなことをやってはいけない。幼稚園の良心が許さない」と、文科省の予算攻撃と、一部の親たちの「預かり保育をしないならほかの園にします」という競争原理の重圧に耐えて反対しているのです。少子化の折、土俵を割り白旗を掲げる幼稚園が増えてきました。生き残りのための保育のサービス産業化が、子どもの幸せを願う保育の心を、親の顔色を見てサービスする、という方向へ変え始めているのです。

保育園が厚労省に負けてエンゼルプランを積極的に推進し、幼稚園が少子化による園児の定員割れを恐れて積極的に預かり保育をはじめたら、いずれ、若い保育者が涙を流すことをやめ、生きるために親身になることを避け、仕事として保育をやるしかない状況になるのではないかと思います。そうなったら打つ手はありません。刑務所をつくる予算で福祉が崩壊するのを待つばかりです。

家庭崩壊の周辺で起こる一つひとつのケースに心を込めて対応するには、家庭の事情にまで入り込んで関わらないかぎりできるものではありません。そこまで踏み込んでくださる園長先生もいらっしゃいます。その園長先生がいたために夫の暴力が止まったり、離婚しなかったり、人々の人生が変わるのを何度も見ました。勇気のいることです。いま、子育て放棄や家庭内暴力、幼児虐待の増加を保育や学童の現場で目の当たりにして、強いて答えを示すとすれば、もうこの若い保育者の涙しかないのでしょう。国の政策が経済競争の論理から離れるまで、保育者が良心を持ちつづける、ということでしょう。私はそう答えました。

私たちにできることは、遠くを見つめながら、毎日の保育の中で、一人ひとりの親に、少しずつ子育てを返してゆく。親子を引き離さないように、悩みを聞いてあげる。手を貸してあげる。それが、二〇年後、三〇年後の親子関係に実を結ぶかもしれません。人類を無益な闘いから救う道かもしれません。そんな話をしながら、私は政治家とか役人、その背後にいる学者たちにひどく腹を立てていました。

「保育園にいる間はなんとか、みんなでできるかぎりのことをして、精一杯の愛情をそそぎます。でも、学校へ行くようになったらと思うと悲しくなります」と園長先生がおっしゃいます。ああ、こんな発言がまだ出る国です、日本は。

「学校へ行くようになっても、月に一度は訪ねてください、毎週でもいいんです」と私が言うと、園長先生の顔がパッと明るくなりました。

「そうですね、そうだ、そうだ、そうすればいいんだ」とおっしゃるのです。「その子の家は、ちょうど私が朝晩犬の散歩をする途中にあるんです」

私は、そのとき、システムや立場に縛られていた人間が、一人の人間に還ったときの嬉しそうな顔を見ました。子育ては仕事ではないのです。学問でもないのです。祈りの領域にあるのです。こんな園長先生や保育者がまだいてくれる日本のすばらしさ。プロの保育者なんていらない。職業の枠を飛び越えて、子どもを心配してくださる本当の保育者が日本にはまだまだいっぱいいるのです。だからこそ、なんとかしたい。

学童で親の絆が育つ

学力テスト公表問題で埼玉県の教育委員会が討論を重ねているころ、一人の母親が「ぜんぜん問題ありません。公表したらいいのよ」と私に言ってくれました。障害児の親がつくっている会の会長で、障害を持っている娘を普通学級に通わせている母親でした。いつも私に本音で話してくれる人でした。

その市では、放課後の学童保育で親が十数年前に結束し、年月をかけて仕組みを作りながら、親同士の絆を育てているのです。行政のやりかたに待ちきれなくなった親たちが、自ら始めた会費制の学童保育が試行錯誤を重ね、行政からの援助も受けられるようになり、学童の予算は厚労省管轄であるにもかかわらず教育委員会を窓口に学校の支援と理解も得ていました。子ども十人あたり一人の指導員を時給一一〇〇円で雇っています。親も指導員も共に参加する勉強会を企画して講師を呼び、よりよい放課後の環境を子どもたちのために整えようと集まり、行動していました。平行して組織しているおやじの会の会員も多く、大人が子どものために力をあわせ行動する熱気が学童保育を中心に満ちているのです。その学童保育に参加している親たちは、なにか一つは役員をしなければいけない、という不文律が受け継がれていました。親主導で進める学童保育は大丈夫。しかし、行政が親のニーズに応えて主導すると、往々にして子どもたちのためにはならない、ということを忘れてはなりません。学童保育は親らしさを喚起し、親同士の絆を育てるために存在する、そのくらいの視点が必要です。

助けられる者が率先して助ける、という親たちの学童で培った気風が教室にも伝わるのでしょう。「障害を持って普通学級にいてもぜんぜん問題ないです」と言うのです。**親が親心でまとまりさえすれば、子どもたちは大丈夫。**学力テストの公表だって平気です。たかが学力テストにすぎません。大したことではないのです。できない子もいる、だからどうなの、と言うのです。

全国的に見れば、学童保育を囲む状況はきわめて危ない分岐点にきています。東京都のある区は、いい加減な株式会社に丸投げしていますし、親の経済状況による格差が子どもたちの放課後に影響を及ぼし始めています。不安を抱えた子どもの吹きだまりのような学童保育が児童館にあるかと思えば、セレブ学童で上手に儲ける会社もあります。指導員の基準もあいまいです。そして、最近の学童にくる子どもたちの急増は、静けさが一瞬たりともない、一部屋認可外保育所のような放課後を子どもたちに強いています。子育て支援センターもそうですが、行政や政治家にはっきりとしたビジョンが見えない。だからこそ「学力テストなんて公表したければすればいいのよ」という地域の絆を、こうして学童保育が耕しているのを見ると嬉しくなるのです。

幼稚園・保育園の時代から、行事や保護者会などで親たちの絆をしっかり育てていけば、子どものために問題を克服することで自然に親たちの心は一つになってきます。学童保育だって親の目線が集まれば、それなりの形になってくるのです。親心がシステムを築くのが一番いい。子どもたちの幸せを願ううえで、親心ほど頼りになる確かなものはないのです。そうでなければいけないのです。親心が一つになり子ども社会を祈る思いで見つめていれば、子どもたちはそれだけで安心するのです。

政府は、厚生労働省管轄の学童保育と文部科学省管轄の放課後子ども教室を合体させて放課後子どもプランという仕組みを作ろうとしていますが、現時点では混乱を招いているだけですので、私はこの本ではとりあえず総称して「学童保育」という書き方にしました。参考までに、私は学力テストで子どもたちや先生を競争させることには反対です。親心が希薄になっているいま、新たな競争意識は子どもたちの社会に残酷な人間関係を生むおそれがあります。しかし、親心さえ社会に満ちていれば、学力テストや体力テストが、公表されても、いっこうに構いません。

保育士やめるか、良心捨てるか

非正規や臨時の保育士が増えている公立保育園の先生の嘆きです。臨時の職員に個人情報が漏れないように、子どものこと、親のことを同じ部屋にいても職員同士で話しあわないように、と役所から言われたそうです。ここまできたか、と悲しくなりました。一緒に保育をしている先生たちが子どものことを話しあえない、こんな制約のもとで親身な保育はできるはずがありません。子どもたちの幸せを願うこともできません。

以前、個人情報保護法ができたとき、それが人間社会の絆を断ち切っていくことは容易に想像がつきました。人間は本来絆で守りあうのであって、法律で守りあうのではありません。法律も弁護士も確かに必要ですが、時を経て普及するとだんだん武器としての要素が強くなってくる。転ばぬ先の杖、それがいよいよ保育の現場にも影響を及ぼし始めているのです。プライバシーの侵害ということを考えていたら、「一日保育士体験」もできません。団塊の世代の「子どもと遊ぶボランティア」もできません。父親の遠足もできません。運動会だって、あの子は走るのが遅いんだ、という個人情報が漏れてしまいます。こんな方向に進んだら、やがて、ＰＴＡも保護者会もできなくなるかもしれません。

情報の共有は信頼関係が基本です。絆が切れると疑心暗鬼の隙間に「法律」が入ってきて、ますます絆が切れていきます。

『逝きし世の面影』（渡辺京二著、平凡社）で欧米人が「天国」と評した日本の風景、田舎で昼間、家々の中が誰でも見渡せる風景が思い出されます。私たちは、ずいぶん遠くへきてしまいました。

信頼したいから情報を共有する。情報を共有できるように信頼関係を築く。それが子育てをする人間社会の法則です。こうした、人間がまだ貧しかったころの古代の法則を、もう一度、思い出すときがきています。社会に不信感があるから情報を閉ざす。すると、ますます不信感が広がる。こんどは開示請求などという法律をつくる。しかし、そんな法律で信頼関係は生まれない。

保育士をやめるか、良心を捨てるか。子どもを育ててもらっている保育士にそんな決断を迫っている現状を早く改善しないと、「美しい日本」をとりもどすことは不可能になってしまうでしょう。

子どもの幸せをいつまでも見ていたい保育士が、自分たちががんばればがんばるほど親子関係が崩れていく、と私に訴えたのが三〇年前。いま、度重なるシステムの裏切りに耐えきれず、感性豊かな保育士がやめていきます。その姿が、一九八四年、教育の問題を国家の存続に関わる緊急かつ最重要問題とアメリカ政府が定義したときに、「親たちが私たちの仕事に敬意を払ってくれれば、ずっとこの仕事をつづけていたいのに」と涙してやめていった教師たちの姿に重なります。

信じあうこと

知り合いに相談を受けたのです。お孫さんの発達に少し問題があるというのです。その方の娘さん、その子のお母さんがとても心配して、どんな幼稚園に入れたらいいでしょうか、という質問でした。お孫さんのお姉ちゃんは、とても利発で入園試験を乗り越えて幼稚園に通っているのだそうです。でも、弟はとても試験に通らないし、どこか理解のある幼稚園はないだろうか、という相談でした。お孫さんと娘さんを心配するその顔には、親心と祖父心が重なっていました。

私はその方の人柄から母親の人柄を想像しました。そして、キリスト教の幼稚園だというそのいい園を想像しました。園に入ったところに立っているマリア様の像が見えました。一度園長先生に、ご相談なさってみてください、お母さんが素直に思いを語ってごらんになるといいですよ、入れてくれるかもしれません、と私は薦めました。

何日かして、「松居さんの言ったとおりになった」と嬉しそうにその方が報告してくれました。

娘さんが園に相談に行くと、お引き受けしましょう、と言われたのだそうです。園長先生は、上の娘さんを送り迎えするお母さんを見て、その人柄もわかっていますし、下の息子さんも見ていましたよ、とおっしゃったそうです。そして、「相談してくれて嬉しいですよ。私たちを信じてくださったんですね。息子さんはきっとほかの子どもたちにもとてもいい影響を与えてくれますよ」とおっしゃったそうです。

私は、こみ上げてくるものを押さえるのに必死でした。園長先生に対する感謝の気持ちでいっぱいでした。私は、保育者たちを信じていたいのです。信じつづけなさい、と天から言われたような気がしました。

あとがき

宇宙は、私たち人間に、ほとんどの人が幸せになれる方法を与えています。幸せになる、という言い方にやがて競争を招くかもしれない響きがあるのなら、安心する方法、と言うべきかもしれません。

一〇〇年に一度の経済危機と言われています。しかし、思い出してください。日本は六〇年前、第二次大戦直後、もっと厳しい貧困を体験しているのです。そのときにくらべれば、私たちは物質的にも経済的にもとても恵まれた状況にあるのです。

アフリカの貧困、世界中に拡散している宗教的対立や民族紛争、命にかかわる悲惨な状況を、日々の現実として受け入れなければならない人たちのことを思えば、私たちの苦しみや問題のほとんどが、十分解決可能で、自分たちの中で作りだしている心の問題、ものさしの持ち方だということが見えてきます。状況はまだいい。日本の子どもたちを見ていて、そう思います。

いま直面している経済危機に対する対策の本質が、表面的に経済を復興させることではなく、人々の不安を取り除くことにあると気づいたら、私たちにできることはたくさんあるのです。

日本が、国としてのビジョンを「安心」という幸福論に置いたときに、この国に与えられた宿題が見えてきます。経済競争から視点を変え、幼児たちを眺めることで「安心」に向かって方向転換ができたら、どれだけ人類の進化に貢献するか、そこまで考えると身の引き締まる緊張を感じます。

私は、園長先生たちや幼児のいる風景から教えてもらった、かなり具体的な方法をこの本に書いたつもりです。そのいくつかが日本中で一斉に実行されれば、この国の状況が確実に変わるはずです。

いま、先進国社会は大人主体に動いています。なぜなら子どもは経済競争をしないからです。

しかし、戦後の日本の奇跡的な経済復興は、子どものことを思う親の心が原動力になっていた。そのことを思い出すときがきています。

幼児のいる風景を思い出すときがきています。

松居　和（まつい・かず）

1954年、東京生まれ。慶応大学哲学科からカリフォルニア州立大学ロサンゼルス校（UCLA）民族芸術科に編入、卒業。

尺八奏者としてジョージ・ルーカス制作の「ウィロー」、スピルバーグ監督の「太陽の帝国」をはじめ、多数のアメリカ映画に参加。

1988年、アメリカにおける学校教育の危機、家庭崩壊の現状を報告したビデオ「今、アメリカで」を制作。以後、「先進国社会における家庭崩壊」「保育者の役割」に関する講演を保育・教育関係者や父母を対象に行い、欧米の後を追う日本の状況に警鐘を鳴らしている。

2006年、埼玉県教育委員会委員に就任。

2008年、制作・監督したドキュメンタリー映画「シスター・チャンドラとシャクティの踊り手たち」が第41回ワールドフェスト・ヒューストン国際映画祭、長編ドキュメンタリー部門で金賞受賞。

2009～2010年、埼玉県教育委員会委員長。

著書『家庭崩壊・学級崩壊・学校崩壊』（エイデル研究所）ほか。

オフィシャルHP：http://kazumatsui.com/

なぜわたしたちは〇歳児を授かるのか
——親心の幸福論
ISBN978-4-336-05137-0

平成21年6月25日　初版第1刷発行
平成30年12月5日　初版第5刷発行

著　者　松《まつ》　居《い》　　和《かず》
発行者　佐藤今朝夫

〒174-0056　東京都板橋区志村1-13-15
発行所　株式会社　国書刊行会
TEL.03(5970)7421(代表)　FAX.03(5970)7427
http://www.kokusho.co.jp

落丁本・乱丁本はお取替いたします。
印刷・モリモト印刷㈱　製本・㈱ブックアート